LA ELOCUENCIA DEL SILENCIO

THOMAS MOORE

LA ELOCUENCIA DEL SILENCIO

Encontrar la calma y la paz
en el vacío

Urano

Argentina – Chile – Colombia – España
Estados Unidos – México – Perú – Uruguay

Título original: *The Eloquence of Silence*
Editor original: New World Library
Traducción: María Laura Saccardo

1.ª edición Junio 2024

ISBN: 978-84-18714-57-3
E-ISBN: 978-84-10159-50-1
Depósito legal: M-9.902-2024

Fotocomposición: Urano World Spain, S.A.U.
Impreso por: Rotativas de Estella – Polígono Industrial San Miguel
Parcelas E7-E8 – 31132 Villatuerta (Navarra)

Impreso en España – *Printed in Spain*

A los colimbos cantores de la laguna Thorndike

Estamos rodeados por un misterio rico y fértil.
¿Por qué no sondearlo, husmearlo, abocarnos a él,
al menos un poco?[1]

—HENRY DAVID THOREAU

---

1. Thoreau, Henry David, *I to Myself*, ed. Jeffrey S. Cramer, Yale University Press, New Haven (Connecticut), 2007, págs. 98–99

Índice

Introducción

Acababa de publicar *El cuidado del alma* y debía dar una charla en una librería pequeña y poco conocida de Portland, Oregón. Era un viaje importante, el primero de mi carrera como escritor, y muy lejos de mi casa en Nueva Inglaterra. También faltaban dos semanas para mi boda, así que me puse mi traje de gala, el único que tenía, sin saber cómo debía vestirme, pero quería causar una buena impresión.

En aquel momento, hubiera sido feliz vendiendo mil copias de mi libro, ya que tenía pocas esperanzas de que este fuera un éxito. Había escrito cuatro libros antes que, juntos, apenas sumaban quinientas copias vendidas, así que estaba seguro de que, una vez más, iba a decepcionar a mi editor.

Cuando llegué a la librería, una media hora antes del acto, me sorprendió que fuera tan pequeña. Más bien parecía una tienda de recuerdos con unos pocos libros desperdigados en las estanterías. El dueño me esperaba y parecía sorprendido de que hubiera hecho un viaje tan largo para presentarme en su remoto establecimiento. Me indicó que me sentara a esperar, ya que las personas de allí solían llegar tarde a ver a los autores.

Me senté en un banco de madera que luego descubrí que acababan de pintar, por lo que manché la espalda de mi único traje, el que debía usar para mi boda. Pero permanecí sentado y esperé. Y esperé. Media hora más tarde, el momento en que debía dar comienzo mi presentación, el librero me sugirió que regresara a mi hotel, ya que era evidente que nadie aparecería.

Aquello no me decepcionó demasiado, ya que mis expectativas habían sido bajas, pero regresé al hotel caminando despacio, pensando que mi estilo de escritura jamás resultaría atractivo y tendría que habituarme a librerías vacías y libreros hastiados. Barajé otras formas de ganarme la vida.

Pero la noche siguiente, en la librería en auge de Elliott Bay, en Seattle, se presentaron alrededor de doscientas personas emocionadas y excitadas. Contagiado por la euforia colectiva, descubrí que podía incluir monólogos cómicos en mis charlas. Vendí muchísimas copias de mi libro, *El cuidado del alma*, que ha sido leído por millones de personas en todo el mundo desde entonces.

Esta es una historia sobre el vacío. No se trata literalmente del cero o de la nada, sino de una cualidad que aplaca el control excesivo y la egolatría en cualquier actividad. Aquella tarde de vacío en Portland me enseñó a no apegarme al sentido obvio y literal del éxito, sino a ser indiferente a las repercusiones de mi trabajo y a apreciar mis creaciones, independientemente de que alguien muestre su aprobación por ellas. Fue una lección en forma de lo que en la filosofía india llaman *sunyata*, un vacío especial, profundo, espiritual y significativo, una idea de análisis y contemplación, algo misterioso que es el foco del gran Sutra del corazón y de las numerosas páginas teóricas del sabio Nagarjuna, una actitud e incluso un estilo de vida que valora el desapego y la mente abierta.

Este es un libro de historias ancestrales y pensamientos sobre el vacío. He recopilado cuentos populares y relatos de tradiciones espirituales, literarios e incluso de mi propia vida para reflexionar sobre cómo cada uno de ellos se relaciona con nuestro día a día. Historias sobre jarrones vacíos, dedos desnudos, arcos sin flechas y tumbas deshabitadas que abordan el concepto espiritual y filosófico del vacío. Mi experiencia en la librería de Portland es tan solo un ejemplo entre muchos otros.

Después de leer este libro, detectarás el vacío en todos los aspectos de tu vida cotidiana y verás más allá de su literalidad. Sabrás apreciar el misterio o la poesía de una caja vacía, un asiento libre en el teatro o un instante de silencio en una habitación atestada. Abrazarás el vacío en tu vida de muchas formas al descubrir fuentes de sentido inesperadas. Así es cómo veo el vacío espiritual, como una forma de estar abierto y despierto, de tomarse la vida en serio, pero con más ligereza.

El vacío es impopular en la vida moderna, que pretende llenar cualquier indicio de ignorancia con información y colmar al mundo de productos nuevos. En este contexto, el vacío parece inútil e improductivo y, en cierto modo, lo es. Tal vez producimos demasiadas cosas, usamos demasiadas palabras e incluso pensamos demasiado. La librería vacía de Portland me enseñó una lección importante. Aprendí a convivir con la nada y a cargar con lo que el novelista Philip Roth llama «la mancha humana», el pecado original, la imperfección. Existe una fuerza en la vida que nos vaciará, sin importar lo mucho que nos esforcemos por ser perfectos.

Al perder un trabajo o a una pareja o amigo, sientes el vacío durante mucho tiempo, quizás para siempre. Esa sensación de pérdida puede abarcar una forma de vaciamiento filosófico más profundo, el descubrimiento de que la vida en sí misma suele estar vacía y de que, en ese vacío, puedes encontrar vida nueva. En las emociones oscuras que despierta la pérdida, siempre hay un rastro de luz.

Puedes aprender a apreciar el vacío e integrarlo como parte de tu vida diaria. Te brindará paz y consuelo, especialmente si tu rutina está llena de actividades. El vacío equilibra nuestra tendencia a hacer demasiado e incluso a pensar y sentir en exceso.

Por supuesto, el vacío espiritual es algo más profundo. Tus creencias y valores tienen un núcleo vacío. No puedes apegarte demasiado a ellos ni tomarlos muy en serio. El vacío te permite seguir adelante y mantenerte flexible, estar abierto a los pensamientos y valores de los demás y preparado para el cambio y el desarrollo.

Tendrás que vaciarte de ciertas influencias parentales y familiares que ya no te sirven como adulto independiente. Dejarás atrás «verdades» aprendidas en la escuela, la iglesia o en tu comunidad. Algunas regiones se caracterizan por apegarse a visiones y valores arcaicos. Por último, deberás despojarte de tus propias ideas y opiniones arraigadas, un proceso que podrá resultar difícil y doloroso.

Podemos sentir tanta liberación en nuestro día a día incluyendo el vacío en nuestras rutinas que considero que esta es la principal fuente de sentido. Dado que la cultura moderna, en general, no comprende la importancia del vacío, debemos resistir la presión externa de llenar cada minuto con actividades, explicaciones o propósitos. Por tanto, primero hay que evitar la tentación de ser hiperactivo y luego disfrutar de la tranquilidad que conlleva dejar que las cosas sigan su curso.

EL ANILLO AUSENTE

Nasrudín[2] era líder espiritual y maestro en una pequeña aldea donde lo admiraban y respetaban como mulá, aunque era una persona algo inusual e impredecible.

Cierto día, un hombre honorable de la aldea se acercó a él con noticias:

—Mi negocio exige que me traslade a un pueblo lejano, pero me apena tener que dejar este bello lugar y perderte como mentor y guía espiritual —le dijo a Nasrudín.

—Lamento que debas irte —respondió el maestro con tristeza—. Espero que sigas en contacto con nosotros, conmigo.

—No sé cómo será vivir lejos, pero he tenido una idea. Siempre he admirado el precioso anillo que llevas en la mano derecha. Si me lo dieras, cada vez que lo viese en mi mano me acordaría de ti.

Pero Nasrudín tenía sus virtudes y también sus vicios. Una de las cosas que detestaba era desprenderse de sus objetos más preciados.

—Tengo una idea mejor. ¿Por qué no conservo el anillo para que, cada vez que veas tu mano desnuda, me recuerdes? —ofreció.

---

2. Las historias sobre Nasrudín presentadas en este libro han sido adaptadas de: Shah, Idries, *Tales of the Dervishes*, Dutton, Nueva York, 1967 [Hay trad. cast.: *Cuentos de los derviches*, Paidós, 1981]; Fradiman, James y Rofert Frager, *Essential Sufism*, Castle Books, Edison (Nueva Jersey), 1997, y de otras fuentes de información.

Esta es una historia perfecta sobre el vacío: en lugar de ver algo, no ves nada, y esa nada es significativa. La actitud del aldeano es predecible: está a punto de perder el contacto con su maestro, así que busca un objeto para recordarlo. Así es como lidiamos con el cambio y la pérdida. Buscando algo, cualquier cosa, para llenar el vacío.

Pero Nasrudín es más sabio de lo que aparenta y demuestra la importancia del ingenio y el humor a través de una enseñanza paradójica. Sorprende con una idea mejor al captar el potencial del vacío en su vecino. También percibe que, al introducir la nada de un modo positivo, estrecha la relación entre maestro y alumno. El dedo vacío, carente de anillo, es la solución perfecta.

Esto nos plantea algunas cuestiones profundas: ¿qué lugar ocupa el vacío en nuestras relaciones? ¿A veces es mejor no tener señales físicas de cercanía y de amor? ¿Es bueno dudar de la devoción que tu pareja siente por ti? ¿Las cosas con las que demostramos amor se interponen en el camino? Hacemos regalos costosos en aniversarios o para celebrar el Día de San Valentín. ¿No sería mejor buscar un no-obsequio, un regalo vacío, algo que cueste poco o nada, que no sea tradicional ni contenga un mensaje obvio?

Uno de los mejores presentes que le he hecho a mi familia ha sido un cuadernillo elaborado por mí con traducciones de algunos poemas de Rainer Maria Rilke y comentarios breves. El coste fue casi nulo y pocos, a excepción de mi familia y algunos amigos, hubieran apreciado su verdadero valor, pues era algo extremadamente sencillo. Hice cinco copias sin fines lucrativos. Mi regalo estaba repleto de vacío, pero fue muy satisfactorio. Se trataba de algo tan vacío que nunca he olvidado ni superado el placer de obsequiarlo.

Intento seguir la regla de Nasrudín: no entregar el anillo que uno lleva en el dedo. Permite que la otra persona descubra el sentido del vacío que proviene de ti al no ofrecerle demasiadas cosas materiales y conservar lo que te importa. Dar puede ser externamente generoso, pero internamente egoísta. Tal vez sientas una gran recompensa espiritual dando mucho, pero ten en cuenta que la egolatría oculta puede arruinar cualquier amistad.

Esta es tan solo una explicación para esta clase de vacío en particular, pero estoy seguro de que hay muchas otras. Nadie necesita ni quiere explicaciones cuando se trata del verdadero vacío. Como veremos con frecuencia, el vacío en sí mismo debe permanecer vacío.

Tenlo presente como regla general: valora el vacío siempre que aparezca en tu camino. Pongamos que un amigo no se presenta a vuestra cita en un restaurante, de modo que estás contemplando una silla vacía. Convierte tu frustración en una meditación sobre el vacío. Observa lo que sucede cuando aprecias la silla vacante en vez de maldecirla. A diario te encontrarás con ilimitadas manifestaciones del vacío. Primero, concédele su lugar resistiéndote a llenarlo. Luego, analiza el nuevo vacío que ha surgido al darle su espacio y aprende las lecciones que este te ofrezca. Permite que estimule tu imaginación para que halles un vacío más profundo y enriquecedor en todos los aspectos de tu vida.

EL ARCO SIN FLECHA

Harakura era el maestro de arquería más destacado de Japón, por lo que atraía a muchos estudiantes de todo el país y de otros lugares lejanos. Sus habilidades eran muy reconocidas y quienes quisieran aprenderlas acudían a él.

Una tarde, mientras recogía su equipamiento después de tres largas horas de clases, un nuevo estudiante se dirigió a él.

—Maestro, me han impresionado mucho sus habilidades y enseñanzas. Me preguntaba si conoce al maestro de arquería que vive en la cima del monte Kahajaru.

—No he oído hablar de él —respondió Harakura intrigado.

—Me han dicho que es el mejor arquero del mundo —indicó el alumno—. Sería estupendo que nos llevara a la cima de la montaña para que podamos contemplar sus habilidades.

—Me parece una idea fantástica. Me pondré en contacto y, tal vez, podamos emprender el viaje la próxima semana.

A la semana siguiente, Harakura reunió a sus alumnos a fin de prepararlos para la jornada.

—Creo que si existiera un arquero muy dotado en los alrededores, habría oído hablar de él. Sin embargo, estoy dispuesto a llevaros a la cima de la montaña en busca de ese gran arquero. Si no os impresiona lo que veis, que espero sea el caso, sed amables con el maestro y con los estudiantes a su cargo, por favor.

De ese modo, el grupo partió entusiasmado hacia la montaña y el improbable descubrimiento de un maestro que pudiera ser mejor que su admirado Harakura.

Llegaron al pie de la montaña, que se extendía más allá de las nubes de ese día, y ascendieron. Cuando estaban alcanzando la cima, oyeron voces y se encontraron con un anciano que instruía a cinco o seis estudiantes. El hombre portaba un bello arco de madera tallada y apuntaba a un punto lejano en el cielo, pero lo extraño era que no tenía ninguna flecha en sus manos. Harakura estaba a punto de preguntar al respecto, pero el hombre les indicó a los estudiantes que guardaran silencio y señaló un ave de gran tamaño que los sobrevolaba. Luego, tensó el arco con todas sus fuerzas, estirando su brazo derecho para que todos pudieran apreciar las venas hinchadas bajo su piel. No tenía nada que lanzar, por supuesto; no había flecha, solo dedos firmes sobre una cuerda tensa. De pronto, soltó la cuerda y, en un instante, el ave cayó del cielo. Todos, incluso Harakura, quedaron impresionados por esa hazaña y le preguntaron al anciano si podían estudiar con él.[3]

Esta historia sobre el arco vacío trata de una clase de arma especial y sugiere cómo ejercer el poder y ser efectivo en el mundo.

Por ejemplo, algunas veces es mejor guardar silencio en lugar de hablar. Si alguien te critica, espera que te defiendas. No es que seas pasivo y débil si permaneces en silencio, pues requiere de mucha fuerza y de habilidad. Lo llamaremos «el arte de morderse la lengua», «el arte de no reaccionar» o «el arte de usar armas poderosas pero invisibles».

---

3. Fragmento adaptado de una historia tradicional del folclore japonés.

Muchas personas hablan con frecuencia y dicen demasiado, por lo que podrían decir cosas hirientes cuando deberían guardar silencio. Es bueno dominar el arte de no hablar. Yo, como terapeuta, lo utilizo en mis métodos. He entrenado para no decir nada aun cuando la situación suplica más palabras.

Suelo sentirme tentado a dar consejos, hablar sobre mí mismo o explicar la situación, pero sé que, en general, eso ayuda poco o nada. Algunas veces es mejor ofrecerle al paciente la oportunidad de aprender que hablar no es tan importante como todos creen. Puede que no hablar sea lo necesario. Las palabras que no oímos suelen dar en el clavo.

Guardar silencio también es útil en el arte de una buena conversación. Puede que sientas cierta tensión y el impulso de llenar los vacíos con cualquier palabra. En cambio, pregúntate: «¿Tengo la fuerza para guardar silencio?». Con el tiempo, descubrirás que el mutismo da mejores resultados en una conversación que muchas palabras.

En términos más generales, aprenderás a hacer menos, a usar tus herramientas con discreción. Quizás sea más efectivo usar menos palabras en un correo electrónico o carta, o directamente no escribir nada de nada. No siempre necesitas todos los métodos que tienes a tu disposición para comunicarte.

Como escritor, sé que lo mejor que puedo hacer para mejorar un manuscrito es revisarlo y eliminar todas las palabras innecesarias. Me sorprende que un ejercicio tan simple abrevie el libro y vuelva más clara la escritura. Vaciar es una estrategia que puede ser muy útil en muchos trabajos y que logra resultados excelentes.

No decir nada, no dar explicaciones, no defenderse, no mostrar sentimientos internos… Todas son formas de disparar arcos sin flechas y de honrar el vacío sagrado. Llegará el momento en que valores la ausencia antes que la presencia y el silencio sobre la necesidad de hablar. Sin «armas» puedes encontrar un gran poder en la nada y darte a conocer como una persona con extrañas habilidades invisibles.

También puedes liderar sin señales de liderazgo, enseñar ayudando a los estudiantes a aprender por su cuenta, ser empresario sin que el dinero sea tu principal objetivo. El vacío abunda y promueve la vida.

PUERTAS Y VENTANAS

Treinta radios convergen en el centro de una rueda,
pero es el vacío en el centro lo que le permite al carro andar.
Del barro moldeas un cuenco
y es el centro hueco lo que lo hace útil.
Puertas y ventanas se abren en las paredes
y es el espacio vacío lo que hace a la casa habitable.
Lo que existe sirve para ser poseído,
lo que no existe sirve para cumplir una función. [4]

TAO TE CHING

Durante muchos años, he llevado esta enseñanza del Tao Te
Ching por bandera, pues pienso que es una de las imágenes
más ilustrativas del vacío. Las ventanas convierten a una
casa en hermosa y habitable, tanto como las paredes y sue-
los. ¿Y qué sería de una casa sin el espacio abierto de las
puertas?

4. *Tao Te Ching*, capítulo 11. Adaptado de *Tao Te Ching*, trad. Gia-Fu Feng
y Jane English con Toinette Lippe, Vintage Books, Nueva York, 2011 [Hay
trad. cast.: *Tao Te Ching*, Editorial Tecnos, 2004]

Siento la inspiración de permitirme tener espacios vacíos en mi vida: momentos para no hacer nada, huecos en mi agenda, no ir a un sitio que me han recomendado, rechazar una oferta laboral. Esas son las puertas y ventanas de mi vida. Gracias a ellas puedo ver cosas ocultas o visitar lugares que, de otro modo, serían inaccesibles.

Si llenas tu vida de actividades, no podrá sucederte nada inesperado, no podrás hacer nuevos hallazgos y tendrás escasas sorpresas y revelaciones.

Si llenas tu agenda, cuando llegue una buena oportunidad tendrás que decir que no. Tenerlo todo planificado no deja lugar a las oportunidades inesperadas. Una mente cerrada a lo que es valioso impide aprender cómo hacer la vida más rica y compleja.

Algunas personas creen que la vida no les brinda nuevas oportunidades de crecimiento cuando, en realidad, sus puertas están selladas. Quizás han olvidado construirlas en las estructuras de sus vidas. Hay quienes tienen vidas demasiado cerradas por los prejuicios de sus familias, iglesias o sociedades, lo cual les impide responder con libertad o proponer nuevas ideas. Carecen de ventanas personales que les permitan ver el mundo exterior y vislumbrar nuevas posibilidades.

Debes planificar y construir espacios vacíos con antelación para que, cuando lleguen las oportunidades, puedas verlas y moverte libremente. Si estás lleno de puertas y ventanas, llegarán muchas experiencias nuevas a tu vida, tendrás sucesos enriquecedores y las personas irán y vendrán, al igual que las ideas.

Los espacios emocionales necesitan luz, aire y visitas espontáneas de amigos. Quizás los cierres por miedo o porque nunca has pensado en la importancia de las puertas y ventanas en tu vida. Es posible que ese espacio en tu agenda no sea un hueco a la espera de ser llenado, sino una puerta o ventana que es mejor dejar abierta.

Muchas personas me han relatado sueños en los que una puerta o una ventana está entreabierta y temen que pueda entrar una persona malvada. Creo que se equivocan, que ese miedo es un tanto paranoico. Tal vez necesitan que alguien irrumpa en su espacio y fomente vida nueva. Quizás las rendijas son un golpe de gracia y no una amenaza.

EL PLATO VACÍO

Nasrudín se encontraba cenando con un grupo de amigos en casa de un líder civil rico y poderoso. El anfitrión competía por llamar la atención y observaba a Nasrudín de cerca. Los sirvientes llevaron una bandeja de melones jugosos para el postre y los dos hombres reputados los comieron con fruición.

El anfitrión, envidioso, tomó la piel de sus trozos de melón y la dejó en el plato de Nasrudín cuando este estaba distraído.

—Eres un glotón —lo acusó—. Mira todo el melón que has comido.

Pero Nasrudín señaló el plato vacío del anfitrión y respondió:

—Bueno, al menos no me he comido la piel.

El plato vacío de esta historia habla de envidia y de malicia. Nasrudín es capaz de «leerlo» y ver que el engaño del anfitrión pretende dañar su reputación. Aquí el plato vacío no representa un vacío espiritual, sino lo opuesto, la nada misma, las artimañas del anfitrión. El hombre se hubiera beneficiado del vacío verdadero, sin embargo, vacía su plato para hacer quedar mal a Nasrudín. El gesto engañoso es la muestra de la forma negativa y miserable del vacío que le falta.

El falso vacío abunda en el mundo. Las personas fingen ser desinteresadas cuando, en realidad, se están favoreciendo en secreto. Las empresas hacen alarde del dinero que destinan a caridad, pero no mencionan las recompensas en impuestos ni que sus ganancias son mucho mayores que las donaciones. La publicidad exalta las propiedades de los productos, cuando todos saben que son, cuanto menos, exageraciones. El círculo comercial maduraría e incluso prosperaría si se despojara del interés propio camuflado. Deshacerse de las manipulaciones extendidas ayudaría sumamente al mundo de los negocios, ya que, al final, la honestidad prevalece.

No podemos ser demasiado puristas con esto, por supuesto, ya que la publicidad y la presentación de productos y servicios requieren de imaginación y cierto nivel de grandilocuencia. El objetivo es vender bienes y la línea entre la persuasión y la manipulación es muy fina y a menudo se traspasa, más allá de la ética y de la decencia. No apunto a la perfección, sino a tender hacia el vacío sagrado.

El falso vacío puede aparentar desinterés y generosidad. Te vacías por el bien de otro y finges ser generoso cuando en realidad no lo eres en absoluto. Una persona puede pensar que es altruista, pero se engaña, ya que sus comportamientos y motivaciones no coinciden con sus ideales.

Podrías esforzarte por ser bueno y estar abierto al éxito de otras personas y, de todas formas, sentir una punzada de envidia, síntoma de que aún te queda un largo camino por recorrer para vaciarte. No tienes lo mismo que tu amigo, por lo que, en cierto sentido, estás vacío, pero ese vacío es como el anfitrión de Nasrudín intentando engañar a todos con su plato. El plato no está vacío en realidad y el de Nasrudín tampoco está lleno. La sensación de vacío puede ser una ilusión. Debes ver bajo la superficie.

Nasrudín no ocupa el papel de víctima en la historia de los melones y expone la ilusión en tono bromista, con astucia para darle la vuelta a la estrategia del hombre y desenmascarar la escena. Demuestra que, en cuestiones de ética y virtud espiritual, es importante emplear ingenio e imaginación. Los antiguos griegos lo llamarían espíritu hermético, de gran importancia cuando existen altas dosis de virtuosismo en el aire. De ese modo, expones la falsa modestia y las pretensiones de espiritualidad con astucia, pero sin moralizar.

El plato del anfitrión es desagradable. El de Nasrudín es simple y llano, vacío a pesar de su apariencia.

EL COSTAL RASGADO

El reino del Señor es como una mujer que cargaba un costal de granos a casa. Mientras recorría el camino, el fondo del costal se agujereó y los granos fueron cayendo tras ella. La mujer no percibió lo sucedido hasta llegar a casa, cuando dejó el costal y notó que estaba vacío. [5]

EVANGELIO DE TOMÁS

Esta hermosa historia de uno de los primeros Evangelios cuenta, en forma de parábola, cómo es el reino de los cielos y la nueva forma de vida que enseña Jesús. No está llena de poder, autoridad y riquezas, sino que es como un costal agujereado que se vacía durante un largo trayecto. No se trata del ideal de una religión mundial rica y estructurada, sino de un pequeño cambio en la imaginación que podría transformar el planeta. La nada en sí misma le da perfección a todo.

Las palabras sencillas que abren esta historia, «el reino del Señor es como…», pueden resultar impactantes. Cualquiera esperaría un lugar llenos de árboles colmados de frutas,

---

5. Adaptado de *Evangelio de Tomás*, capítulo 97.

animales pacíficos y humanos virtuosos; en cambio, nos encontramos con una mujer que carga un costal de granos agujereado y vacío. Para encontrar el reino esperado, pierdes cosas valiosas en el camino. Incluso debes desprenderte de las creencias más preciadas si quieres vivir en una comunidad dedicada al amor.

Jesús ofrece otras metáforas de vaciamiento: «los últimos serán los primeros»; «vende lo que tienes y dáselo a los pobres»; «el que no tiene nada perderá lo que tiene». Es una lección fundamental para todos los líderes, en especial para los maestros espirituales y organizadores de la comunidad. Solo puedes cumplir con tu trabajo cuando eres sirviente, el último de los miembros, cuando no olvidas que también eres un seguidor. Cuando sientas que estás por encima de la persona que tienes al lado, recuerda a la mujer parada en su casa con el costal vacío. No tiene los granos que esperaba, pero sí posee el secreto de un mundo amoroso. Sabe que lo que haga debe estar libre de ensimismamiento.

Un buen líder debe identificarse con sus seguidores y resistir la tentación de buscar satisfacer su ego. No debe compensar su falta de autoestima explotando el rol de liderazgo para su propio beneficio emocional. No hay nada más obsceno y contradictorio que un maestro espiritual aprovechándose sexualmente de sus aprendices, aunque también existen formas más sutiles de dominar a los seguidores y satisfacer la propia superioridad.

Las historias que cuenta Jesús y las que otros cuentan sobre él a menudo contienen imágenes de vacío poderosas. La historia de los panes y los peces también es una metáfora. Cuando no tengas nada más que unas pocas sobras, estarás suprema y milagrosamente nutrido. Si tu bote está vacío tras una noche entera de pesca, lanza la red al otro extremo y de pronto se llenará. El vacío y la plenitud son muy cercanas. Se encuentran una a cada extremo del bote. Si quieres llenarte, debes empezar por el vacío.

Existe una palabra clave que describe el papel de Jesús como modelo de ser humano ideal: «*kenosis*» o «vaciamiento». Se vació para ser receptivo a los planes del Padre. También nosotros podemos vaciarnos en ese sentido, permitiendo que la vida nos moldee y nos convierta en quienes deseamos ser. Al hallarte en un estado de *kenosis*, no necesitas planificar y controlarlo todo, sino permitir el cambio y la transformación constantes. Puedes vaciarte de planes, estar abierto a los deseos del Padre y aceptar los designios que la vida tenga para ti. El Padre es el Logos de la vida, el orden universal y tu rol en el diseño supremo.

Imagina que quieres contarle a alguien tu visión de un futuro utópico, un experimento grandioso a fin de sacar lo mejor de la humanidad, y dices que lo has ideado como un costal agujereado. Imagina a un líder mundial desprendiéndose de sí mismo para tener en mente el bienestar de su gente. Imagina a una madre vacía, capaz de ayudar a su hijo a encontrar su destino en vez de limitarse a hacer lo que ella desea. Imagina dos amantes vaciándose para poder pensar siempre en la relación en lugar de en sí mismos.

Esta historia nos habla de un vaciamiento a lo largo del tiempo, no intencional, sino accidental o a causa del destino. Los antiguos griegos dirían que es obra de Hermes el Ladrón, el principio vital que nos despoja de lo bueno. Podemos perder la salud, una relación importante, un objeto preciado, un objetivo. Parecemos perder algo, vaciarnos a diario. La *kenosis* rige nuestras vidas.

La mujer de la historia ha perdido lo que había conseguido con tanto esfuerzo y a su vez esperaba tener en casa.

Podrás imaginar lo que habrá pensado y sentido al descubrir el agujero en el costal. ¿Alguna vez algo preciado para ti ha comenzado a perderse en el camino? Un trabajo que ya no te satisface, una relación que ya no genera alegría, una habilidad que no es tan notable como antes, un éxito que se convierte al cabo de poco en fracaso. Esta clase de vaciamiento te llevará a descubrir un amor más profundo, a sentir más empatía hacia los demás y supondrá una forma más abierta y valiosa de participar en la sociedad. Cuando sientas que algo que aprecias se escapa, recuerda que el reino de los cielos se encuentra cerca.

También podemos señalar que la mujer nota el costal vacío al llegar a casa del mercado. Cuando estamos muy ocupados, nuestros pensamientos son demasiado complejos y nuestros objetivos son amplios y están enfocados en nosotros mismos. Llegar a casa, el lugar más privado y cómodo, nos permite darnos cuenta de que algunas cosas que amamos se están vaciando. A veces, con el ritmo acelerado diario, es imposible saber qué ha sucedido. Sin embargo, en la tranquilidad de la noche, ya en nuestro hogar, podemos descansar y reflexionar en silencio al tiempo que descubrimos la dicha del vacío.

UNA NOCHE SERENA

Una noche serena detrás de mi choza
solo toco mi laúd sin cuerdas.
La melodía vuela hacia las nubes y se disipa.
El sonido se profundiza en el flujo del arroyo,
se expande hasta llenar un gran barranco
y resuena por el bosque vasto.
¿Quién sino una persona sorda
podrá escuchar esta canción serena?[6]

RYOKAN

Un día, cuando tenía alrededor de siete años, me convertí en músico mientras visitábamos a unos amigos de mis padres. Mi padre me mostró el piano de la casa y me invitó a tocar algunas notas. El instrumento me atrapó de inmediato. Más adelante, compró un piano de pie antiguo para nuestra casa, anotó las notas con lápiz sobre las teclas y me enseñó a mover los dedos para tocar una escala. Cuando aprendí un poco

6. Ryokan, *Between the Floating Mist: Poems of Ryokan*, trad. Denise Maloney y Hide Oshiro, Springhouse Editions, Buffalo (Nueva York), 1992.

más, él tocó su violín a dueto conmigo. Era un gran músico, capaz de interpretar piezas difíciles. Cierto día, mientras yo tocaba, me llamó desde otra habitación para decirme que una de las teclas del piano estaba desafinada: no sonaba la nota fa. Así descubrí que tenía oído absoluto.

A mis trece, dejé mi casa para vivir en un monasterio durante doce años. Allí aprendí cantos gregorianos, melodías que inspiran la tranquilidad del monasterio, sosiegan el alma y aplacan el espíritu ansioso. He descubierto que existe música capaz de tranquilizarnos y conducirnos al silencio del alma.

Por ese motivo aprecio este poema de Ryokan acerca de un laúd sin cuerdas que llena las colinas y concavidades del mundo natural y que solo puede ser oído por una persona sorda. ¿Cómo se toca un laúd que no tiene cuerdas? Con increíble sutileza. Me imagino tocando el piano para personas sordas, disfrutando del flujo de sonidos y silencios entre nosotros.

El silencio también es una forma de vacío importante para quienes necesitan reflexionar y recordar. Aprender a vivir en silencio es un arte, en especial en este mundo que nos atormenta con sonidos sin reparos. ¿Cómo nos conoceremos a nosotros mismos si no podemos oír nuestros pensamientos ni los latidos de nuestros corazones?

No se necesita un silencio absoluto; la quietud es mejor. Un estilo de vida contemplativo ayuda a controlar la excitación frente a la sucesión desenfrenada de eventos. La quietud ofrece equilibrio y un entorno para ver lo que acontece y saber tomar buenas decisiones. Nos prepara para los sonidos de la actividad.

Imagina a una persona que toca un laúd o una guitarra sin cuerdas. ¿Qué implicaría esa imagen? Es música para percibir con un oído interno, un sonido místico. Quizás las cuerdas estén allí, pero no se oyen. Es música para el cuerpo sutil, que no está hecha para que la perciban los órganos sensoriales, sino otra clase de órganos. ¿Imaginas que sale música del instrumento al contemplar la pintura del viejo guitarrista del período azul de Picasso? Al recitar *El hombre de la guitarra azul* de Wallace Stevens, ¿comprendes que la música tiene un sentido mucho más amplio que los sonidos que oímos? ¿Tiene la vida ritmo, melodía, armonía?

Este poema sobre el laúd sin cuerdas contiene una paradoja profunda: un objeto creado para generar sonidos armónicos está en silencio. Quizás el sonido que buscábamos era el silencio. Quizás la música puede crear el silencio necesario para escuchar la melodía del mundo.

¿La vida en sí es algo que puede tocarse a modo de un instrumento musical como, por ejemplo, un laúd? ¿Quiere que sus cuerdas sean rozadas para ser percibida y disfrutada? Tal vez haya que silenciar los sonidos del mundo para poder escuchar su música más profundamente.

Hace muchos años que tenemos en casa una estatua de tamaño casi real fabricada en Indonesia de un flautista de un templo. La figura ha estado allí tocando para nosotros todo este tiempo mientras los niños crecían y los padres hacían sus contribuciones artísticas al mundo. Sin ser demasiado preciso, puedes imaginar una música silenciosa que llena el hogar, a un flautista que ofrece una lección importante cada vez que un miembro de la familia se fija en él.

Ahora, cada vez que veo pinturas de ángeles tocando instrumentos silenciosos en museos, intento escuchar su música bajando el volumen del resto de los sonidos. Para mí, es una lección sobre la sutileza de la vida y sobre cómo, a veces, tienes que escuchar lo que dice el mundo con oídos internos.

Debes escuchar los sonidos silenciosos, el laúd sin cuerdas, la trompeta del ángel, la voz callada capaz de generar sonidos que penetren en el alma.

NADA ES NATURAL

La verdadera práctica del zazen es sentarse como si bebieras agua estando sediento. Ahí reside la naturalidad. Es natural echarte una siesta cuando tienes sueño, pero hacerla solo por pereza, como si fuera un privilegio, no lo es. Piensas: «Todos mis amigos duermen la siesta, ¿por qué yo no?». Pero eso no es natural. Tu mente está ofuscada por otras ideas, las ideas de alguien más. No eres independiente, no eres tú mismo ni eres natural. La verdadera existencia se origina en la nada, momento a momento. La nada siempre está presente y todo aparece a partir de ella.[7]

SHUNRYU SUZUKI

En el corazón de las hermosas enseñanzas del maestro zen Shunryu Suzuki se encuentra esta lección sobre el vacío representando la naturalidad y la nada. Se trata de una cualidad de la vida: beber cuando tienes sed, dormir la siesta cuando tienes sueño. El sabio nos indica que hagamos todo

7. Suzuki, Shunryu, *Zen Mind, Beginner's Mind*, ed. Trudy Dixon, Whaterhill, Nueva York, 1973, págs. 108-109. [Hay trad. castellano.: *Mente Zen, Mente de principiante*, Gaia Ediciones, 2015]

con ese espíritu. No debemos llenar nuestras mentes con discusiones internas irritantes sobre ser buenas personas o hacer que otros vean lo bien que se nos da algo. Más adelante, nos muestra que incluso la práctica zen, tan valorada desde fuera, puede resultar antinatural a causa de la interferencia de pensamientos y motivaciones. Tal y como afirma el maestro, alcanzar ese nivel de naturalidad requiere de mucho esfuerzo.

Una persona con elucubraciones constantes dentro su mente aparenta ser neurótica. Notas que sus expresiones corporales y faciales son muy complejas. Suceden demasiadas cosas en su interior, hay muchas capas de intencionalidad. No puedes confiar realmente en alguien que no es natural, ya que no conoces a la persona real ni lo que hay en su mente.

Tus pensamientos y actos deben surgir de la nada, de un lugar vacío, libre de estrategias y motivaciones innecesarias. Bebes agua porque tienes sed, no porque quieres demostrar que eres fantástico por tus hábitos saludables. Eso sería neurótico, no natural. Carecería del vacío que permite que una acción sea natural.

Pensarás que es imposible alcanzar ese nivel de naturalidad, esa libertad absoluta de neurosis. Pero si apuntas hacia esa dirección, con cada paso que des, serás más libre y feliz. Tal vez los demás se relacionen contigo dejando atrás algunos de sus hábitos neuróticos. De este modo, las interacciones, si bien no serán perfectas, resultarán más transparentes y los vínculos fluirán con más facilidad.

Cuando tus actos y tu presencia surgen de la nada, cuando están vacíos, el resto y tú sabéis quién eres. Los demás son libres de relacionarse contigo sin ser manipulados para que respondan de un determinado modo. Imagina todo el bien que podría aportar esta clase de naturalidad a un matrimonio u otra relación íntima. Sería la panacea para los conflictos de pareja y tal vez, incluso, para los mundiales.

Piensa en un matrimonio vacío, teniendo en cuenta el sentido que le estamos dando a esta última palabra. La relación estaría libre de paranoias, como que la otra persona está haciendo cosas malas e intenta dificultarte la vida. Tus expectativas serían menos exigentes y más flexibles.

Ahora piensa en el vacío en el sector publicitario: podrías confiar en que comunique lo bueno de un producto, sin engañarte para comprar algo que no necesitas ni funciona. La vida moderna padece una peligrosa falta de vacío y de naturalidad. Los políticos no cuentan con ello y las entidades financieras suelen idear planes para hacerse con nuestro preciado dinero, lo cual es el extremo opuesto al vacío.

Puedes buscar el vacío en la vida diaria, a pesar del contexto neurótico que nos rodea. Puedes hablar con un amigo con la misma naturalidad con la que bebes un vaso de agua cuando tienes sed. Notarás lo que sucede dentro de ti y lo demostrarás sin tapujos ni manipulaciones. Quizás encuentres imágenes de un flautista o de un ángel con violín que tocan su música silente y te recuerdan guardar silencio por dentro y por fuera mientras vivas tu vida.

Vivir con naturalidad dista de llevar una vida natural. En una vida natural, querrás comer alimentos orgánicos, pasar tiempo en la montaña, evitar las complejidades de la vida moderna, escapar del sistema, no dañar a la naturaleza con contaminación ni un desarrollo excesivo, entre otras cosas. En cambio, para vivir con la naturalidad que describe Suzuki, no debes dejar que tus motivaciones egoístas intrusivas, tus miedos o ansiedades se interpongan en el camino. Puedes lidiar con ello estando presente en lo que haces y liberando tu mente de pensamientos manipuladores y egoístas. Es posible.

Conversar con otras personas es una de las mejores formas que conozco para aprender esta naturalidad y ponerla en práctica. Si alguien te pregunta «¿cómo estás?», no piensas en impresionarlo, en conseguir su compasión, controlar el devenir de la conversación o generar una buena imagen de ti mismo. Dejas pasar estas interferencias comunes para hablar de forma clara y directa. También evitas las respuestas habituales que no aportan nada. «Estoy bien, aunque estoy cansado porque he tenido mucho trabajo últimamente y triste por la situación del mundo». Los adjetivos «triste» y «cansado» expresan las emociones con claridad; no hay nada que los complique o vuelva confusos. Al dar una respuesta así, no manipulas a tu amigo intentando que te vea como te gustaría. Solo expresas lo que sientes en ese momento.

¿Dónde se encuentra el vacío aquí? En la ausencia de manipulación y de complicaciones innecesarias. Tu amigo podrá confiar en lo que dices por lo que falta en tus palabras: el ocultamiento y el control tan comunes en nuestras charlas. El otro sentirá tu vacío de verdad, algo reconfortante y digno de confianza.

Tuve un amigo, James Hillman, que creía que era bueno para expresarse con naturalidad, al menos conmigo. Un día le hice una pregunta simple: «¿Cómo te encuentras, Jim?». «Estoy fatal. ¿Por qué las personas no cuidan a los animales en lugar de tratarlos como bestias?», respondió. Fue muy claro. Su respuesta frecuente era: «Estoy deprimido. Publicar un libro, mío o de alguien más, requiere de mucho trabajo». Era editor y escritor. Nunca le he escuchado decir: «Estoy bien, ¿y tú?».

Pero este es solo el comienzo. A partir de aquí, permitirás que el flujo de tu respiración sea directo y sencillo. No te contendrás ni complicarás las cosas. Tus palabras no tendrán muchos niveles de interpretación, solo uno. Dirás lo que sientes y lo que piensas. El resto es vacío.

BOCADILLOS DE PEPINO

ALGERNON: ¿Has preparado los bocadillos de pepino para lady Bracknell?

LANE: Sí, señor. (*Los entrega en una bandeja*).

(*Jack se dispone a comer un bocadillo. Algernon se lo impide*).

ALGERNON: No toques los bocadillos de pepino, por favor. Los he encargado especialmente para mi tía Augusta. (*Toma uno y se lo come*).

JACK: Tú has estado comiéndolos.

ALGERNON: Es diferente, ella es mi tía...

(*Entra lady Bracknell*).

LADY BRACKNELL: Beberé una taza de té y uno de esos deliciosos bocadillos de pepino que prometiste.

ALGERNON: (*Horrorizado, levanta el plato vacío*). ¡Cielos, Lane! ¿Por qué no hay bocadillos de pepino? Los ordené específicamente.

LANE: (*Agraviado*). No he conseguido pepinos en el mercado esta mañana, señor. He ido dos veces.

ALGERNON: ¡No hay pepinos![8]

OSCAR WILDE

Durante los primeros minutos de la obra *La importancia de llamarse Ernesto*, de Oscar Wilde, los personajes de Jack (quien en la ciudad se hace llamar Ernesto) y Algernon tienen un conflicto por la comida. Hay un plato listo de bocadillos de pepino, los preferidos de lady Bracknell, que los visitará pronto. Pero Algernon se los come todos, por lo que el plato está vacío cuando llega su tía.

La verdad es que el hombre no ha resistido la tentación de comerse los bocadillos que tenía delante, pero ha fingido ignorancia frente a su tía. El mayordomo colabora en el engaño diciendo que no había pepinos en el mercado esa mañana. El objetivo aparente de Oscar Wilde es satirizar la moral de la alta sociedad de la época, demostrar que era inexistente. La mentira sobre el plato vacío demuestra que no hay honestidad natural en las personas —un vacío simple y valioso—, sino evasión de la verdad.

Lo que la sociedad de Oscar Wilde necesita es un vacío real, una vida sin engaños. El escritor exhibe otras clases de manipulación: Algernon utiliza a Bunbury, un amigo imaginario que vive en el campo, como excusa siempre que le viene bien. Su amigo Ernesto también es una fabulación. En Londres, utiliza el nombre Ernesto y tiene una personalidad

8. Wilde, Oscar, *The Importance of Being Ernest: A Trivial Comedy for Serious People*, Leonard Smithers & Co., Londres, 1912, págs. 2,7,20,21. [Hay trad. cast.: *La importancia de llamarse Ernesto, El Abanico de Lady Windermere*, Austral, 2011]

sospechosa, mientras que en el campo es conocido como Jack, todo un caballero. Representa moral alta y baja en un solo ser, una dualidad que requiere de grandes subterfugios. Nada en este personaje ni en toda la obra tiene la naturalidad e inocencia del vacío espiritual.

La dualidad Jack/Ernesto se asemeja a la dualidad de una persona que dice lo que quiere decir, pero lo enturbia con evasivas y complicaciones, como si fueran dos los que hablaran. Todos, en algún momento, tenemos a un Jack y a un Ernesto dentro de nosotros. Los dos hablan a la vez, pero con diferentes significados y preocupaciones.

De todas formas, debemos recordar que Oscar Wilde fue un hombre de gran astucia, inteligencia, moralidad y corazón. En este caso, el plato vacío muestra dónde podrían estar la consideración y la amabilidad. Algernon podría haber dejado bocadillos para su tía o, al menos, haberle confesado la verdad. Así, con su estilo satírico, Wilde representa cómo la sociedad puede estar llena de engaños donde debería haber inocencia. Los personajes utilizan diversos giros del lenguaje para manipular a los demás, lo que elimina cualquier posible naturalidad.

No existe el vacío verdadero en las situaciones mundanas de esta célebre obra. En su lugar, encontramos vacuidad en diversas formas, en especial en la falta de personalidad y de moralidad. Emplearé la palabra «vacuidad» para describir la ausencia del vacío genuino, falta de moralidad, de personalidad y de honestidad. Es la expresión sintomática o neurótica de un posible vacío arraigado, inocente, sin mentiras ni engaños. Con un vacío real, no tienes objetivos ocultos. El pseudovacío incluye objetivos personales que guardas para ti mismo.

Por tanto, en cierto sentido, *La importancia de llamarse Ernesto* es una llamada al vacío. Si tu nombre es Jack, consérvalo, no uses otro para fingir que eres otra clase de persona. Se trata de una actitud que encaja con la filosofía de vida de Oscar Wilde: si eres un ladrón, sé tú mismo, no finjas que no lo eres.

Esta obra aborda la confusión que se genera cuando las personas no son directas, sino que emplean tejemanejes con los demás. Es sorprendente que el mundo funcione tan bien, dada la cantidad de hipocresía y engaños que colman los negocios, la política y la vida diaria. Debemos cultivar la virtud de hablar con transparencia por nuestro bien y por el futuro de la humanidad. Ser directo, valiente y franco cuando la ocasión lo requiere es liberador.

AUTOBÚS SIN CONDUCTOR

Un día, el maestro Nasrudín, que se encontraba de visita en Londres, subió al segundo piso de un autobús. Después de estar sentado unos minutos, volvió a bajar.

—¿Qué ocurre? —preguntó el revisor.

—Arriba no hay conductor —respondió.

Esta no parece una auténtica historia de Nasrudín, pero hará su función. Sin duda alguna, contiene el espíritu de las historias sufíes.

Como tengo que escuchar los sueños de los demás casi a diario, hay algo en esta historia que me resulta familiar. Todo el mundo sueña con medios de transporte. Al parecer, la mente está, suele estar o debería estar en movimiento. Los sueños acostumbran a incluir coches, trenes, autobuses o aviones. En ocasiones, la persona que sueña es transportada, pero otras, las menos frecuentes, ocupa el asiento del conductor. He escuchado algunos sueños sobre autobuses, pero, hasta ahora, ninguno de uno de dos pisos.

Estar al volante o no marca la diferencia. ¿Tienes el control o permites que alguien más o un impulso o espíritu interior te lleven? Cuando otra persona conduce, significa que estás dispuesto a dejarte llevar y llegar a salvo a tu destino. Si eres el conductor o piloto, debes tener la habilidad de controlar el vehículo. Me gusta usar el término «vehículo» porque abarca el concepto más amplio de ser un medio que sirve para moverse de un lado a otro o de un estado a otro. Los escritos antiguos hacen referencia al vehículo del alma, como el carro de Platón, y el budismo lo llama vehículo grande o pequeño (*mahayana* y *hinayana*). El budismo también es una balsa que puede llevarte al otro lado, donde vivirás sin sufrimiento.

Los viajes de los sueños suelen representar los viajes vitales, en los que cambiamos de carrera, relación o estilo de vida. Otras veces, se trata de un trayecto breve, pero, sea cual sea la envergadura, soñar con un medio de transporte puede simbolizar el paso a una nueva etapa de tu vida.

En esta historia de Nasrudín, el maestro no se siente a gusto viajando sin conductor. Si se tratara de un sueño, me preguntaría si la persona tiene dificultades para confiar en algo más allá de su propia capacidad y voluntad de abrirse paso en la vida. A veces debes creer en el movimiento, leer las señales y dejar que el destino te guíe. Si lo haces, el asiento del conductor estará vacío o será inexistente.

Joseph Campbell, en uno de sus libros de mitología sobre la historia de Tristán e Isolda, escribió un pasaje hermoso en el que Tristán se encuentra en un bote sin remos ni timón. Tan solo tiene un arpa que lo acompaña flotando hacia su próximo destino: Irlanda y su amada Isolda. «Tristán, confiado en el seno de los poderes cósmicos que controlan los movimientos de los cielos y todo lo terrestre, se ha dejado llevar por la armonía de su arpa órfica-irlandesa, con la música del mar y las esferas, hacia la bahía de Dublín, la misma a la que Dédalos, el héroe de Joyce, llegaría siglos más tarde, preguntándole a su corazón si alguna vez tendría el valor de encomendarse a la vida»[9].

Esta oración extensa y bella describe la situación que cualquier ser humano debe afrontar al emprender una carrera o proyecto nuevo, al apostar por el matrimonio o al mudarse a otro lugar del planeta. La confianza, la fe en uno mismo y en el mundo y la voluntad de lanzarse al océano agitado de la vida suele ser un punto de quiebre para muchas personas. En general, no contamos con brújula o timón.

El relato sobre Nasrudín y el autobús se burla de nuestro temor a avanzar sin conductor, sin alguien que controle nuestro camino. Pero nuestra naturaleza simbolizada por Tristán es lo opuesto: encontramos el camino confiando en la vida y dejando de lado la necesidad de tenerlo todo bajo control.

Con frecuencia, parece que lo que impulsa las decisiones es el ego, pero esto podría deberse a que, en el mundo moderno, no estamos en sintonía con otras identidades, otros seres que impactan en nuestras emociones y deseos y que pueden llevarnos a tomar decisiones y conducirnos hacia ciertas direcciones.

¿Y si no hubiera ego, sino tan solo existiesen las diferentes entidades de la psique manifestando sus deseos? En ese caso, no habría un conductor detrás del volante, sino una variedad de pasiones y temores. ¿Y si la persona a cargo, de la que tanto dependemos, no aparece? ¿Y si el asiento permanece vacío?, ¿si el «hombre de arriba» no está en su lugar y el piso superior no tiene quien lo guíe? Entonces tendremos que

9. Campbell, Joseph, *The Masks of God: Creative Mythology*, Viking Press, Nueva York, 1968, págs. 26-27. [Hay trad. castl.: *Las máscaras de Dios*, Ediciones Atalanta, 2017]

conducir nosotros mismos o seguir nuestra fe e intuición. Quizás así bajemos los pies a la tierra y aprendamos a confiar en que la vida nos llevará a donde debamos llegar.

ROMPER LAS MOLÉCULAS

De algún modo u otro, si Dios quiere penetrar dentro de nosotros, debe hacerse lugar ahuecándonos y vaciándonos. Para integrarnos a él, debe romper las moléculas de nuestro ser y reestructurarnos... Nos devolverá al estado necesario para que el fuego divino descienda sobre nosotros. [10]

TEILHARD DE CHARDIN

El sacerdote jesuita Pierre Teilhard de Chardin fue también un paleontólogo que realizó destacadas investigaciones científicas en China y participó en el descubrimiento del hombre de Pekín en la década de 1920. A través de sus prácticas científicas y espirituales, se convirtió en un filósofo visionario que amplió la idea de evolución para incluir la transformación espiritual de la humanidad en ella.

Chardin solía entrar en conflicto con el Vaticano, que prohibía incluir sus obras en bibliotecas religiosas e incluso en librerías. No le era permitido publicar libros ni impartir

---

10. Teilhard de Chardin, Pierre, *The Divine Milieu*, Harper Perennial, Nueva York, pág. 87. [Hay. trad. cast.: *El medio divino*, Trotta Editoria, 2021]

conferencias. En una ocasión, recibió un reconocimiento de la Universidad de Boston, pero este fue revocado cuando iba de camino a recibir el galardón, lo cual nos lleva a preguntarnos qué era tan peligroso o amenazante en su pensamiento como para que lo sometieran a tal represión.

Chardin acuñó varios términos para describir sus visiones, tales como «cristogénesis» y «Punto Omega», en el que la vida contemporánea llega al punto de descubrir la primacía del amor honesto y no sentimental. En el fragmento citado, el pensador aborda el tema del vaciamiento indicando que debemos estar vacíos para poder ser remoldeados. La voluntad divina «rompe las moléculas de nuestro ser» para que un fuego misterioso pueda transformarnos.

Pero ¿cuáles son las moléculas de nuestro ser y cómo pueden romperse de forma positiva? Son las unidades constructivas de quien eres, no hay nada más básico que ellas. No son solo tus emociones y pensamientos, sino tu identidad en el sentido más profundo, tu alma, podría decirse. Todo ello debe romperse para que puedas reestructurarte y pasar a la adultez.

Desde el punto de vista de Chardin, no sabemos quiénes somos en realidad, somos muy jóvenes, muy inmaduros y muy superficiales. No nos tomamos nuestras vidas en serio porque aún desconocemos la naturaleza del mundo en el que nacimos. Creemos que nuestras vidas giran en torno al mundo físico, que debemos crear máquinas mejores y descubrir la extensión del universo. Sin embargo, tarde o temprano aprendemos que la vida es, en esencia, misteriosa, que no debe ser explicada ni explorada, sino absorbida. En última instancia, podremos descubrir que el amor no es una emoción, sino la dinámica elemental del bienestar y la existencia del mundo.

Pensemos en los exploradores de los siglos XV y XVI, que creían estar al frente del descubrimiento asombroso de un nuevo mundo. Para nosotros, tan solo han hecho un viaje a las islas del Caribe en embarcaciones tremendamente frágiles. Las personas pensarán lo mismo de nuestros logros en un futuro no muy lejano. De acuerdo con la visión de la humanidad de Chardin, tenemos que avanzar hacia un nivel diferente, sin progresar en proyectos materiales, sino cruzando barreras con un nuevo modo de ver la vida y nuestro propósito en ella.

Durante mucho tiempo, las religiones y tradiciones espirituales nos han mantenido enfocados, en parte, en las posibilidades más allá del mundo físico. Con el tiempo, las tradiciones se han corrompido para servir al punto de vista materialista o han sostenido tal división entre el mundo espiritual y material que no hemos aprendido a vivir con sentido. Hoy en día, lo invisible y lo infinito casi no tienen relación con el mundo material al que dedicamos nuestras energías.

Nuestra identidad y la visión del mundo de la que tanto nos enorgullecemos deben ser analizadas y destruidas. Todo el orgullo por nuestros inventos y descubrimientos debe cubrirse de vacío para que estemos menos apegados y colmados de él. Debemos vaciar nuestros valores y emociones, o eso es lo que Chardin sugiere en su apasionado clamor por el cambio.

Lo que necesitamos, sobre todo, es una nueva visión y comprensión de lo divino. Ya no podemos usar la palabra «Dios» sin hacer largas referencias a Meister Eckhart y a Dietrich Bonhoeffer, que siguieron siendo cristianos aun mientras vaciaban la propia noción de Dios. No se trata de una idea atea ni secularista, sino de una renovación de la religión. Pero tampoco podemos seguir usando la palabra «religión»

alegremente, ya que también se ha vuelto más rígida y sentimental, con lo que ha perdido su fuerza y significado. Debemos encontrar formas alternativas de mantener nuestra visión
infinita y misteriosa. La espiritualidad en sí misma necesita
vaciarse, y Chardin acuñó nuevos términos para describir la
evolución de la humanidad hacia su propósito. Demostró que
necesitamos otro lenguaje para las cuestiones espirituales, palabras que nos inspiren una nueva forma de existir.

SE ACABÓ EL VINO

Al tercer día, se celebró una boda en Caná de Galilea a la que asistieron Jesús, su madre y sus estudiantes.

—Se les ha acabado el vino —indicó la madre.

—Estimada señora, ¿qué tiene que ver eso con usted y conmigo? Mi tiempo no ha llegado —dijo Jesús.

—Haced lo que él os indique —ordenó la mujer a los sirvientes.

En el lugar, había seis vasijas de piedra destinadas a contener agua para el ritual judío de purificación. Cada vasija tenía una capacidad de entre setenta y cinco y ciento veinte litros.

—Llenad las vasijas con agua —solicitó Jesús, y eso hicieron—. Servid ahora una copa para el organizador de la boda —continuó.

Cuando la persona a cargo probó el agua convertida en vino, llamó al novio. Él desconocía el origen del vino, pero los sirvientes sí lo sabían, pues lo habían servido.

—La mayoría sirve el buen vino primero. Luego, cuando los invitados han bebido mucho, se emplean las variedades menos costosas. Pero usted ha reservado este vino excelente hasta ahora.[11]

EVANGELIO DE JUAN

---

11. Moore, Thomas (trad.), *Gospel: The Book of John*, Skylight Paths, Nashville, págs. 18-19.

Esta hermosa y conocida historia del Evangelio de San Juan reúne toda la filosofía de Jesús en una sola imagen: la conversión del agua en vino. Al adoptar el camino de Jesús, pasas de llevar una vida basada en reglas y llena de culpa (agua purificadora) a una vida de dicha y placer (vino embriagador). Las vasijas en las que apareció el vino milagroso estaban destinadas a contener agua para el ritual de purificación, en el que los invitados podían lavarse las manos al llegar para mostrar la pureza de sus intenciones. En este evento, Jesús reemplazó las preocupaciones por la pureza por la alegría y celebración del vino. Si prestas atención a los Evangelios, descubrirás numerosas historias de fiestas y cenas joviales. Su sentido no es literal, sino que refleja una filosofía de amor y placer sagrados.

¿A la sociedad actual se le ha «acabado el vino»? ¿Estamos demasiado preocupados por trabajar, ganar dinero y mantenernos ocupados? ¿Nuestra capacidad de celebración ha disminuido? Con frecuencia, nuestras fiestas parecen ser recompensas por esforzarnos en el trabajo y seguir las reglas. Como terapeuta, a menudo veo que las personas se sienten tan culpables por su pasado que no son capaces de disfrutar de la vida. También sienten la obligación de dedicar su tiempo al trabajo, de modo que la diversión se vuelve compulsiva y no resulta satisfactoria o significativa. Esta debe ser vaciada para dar paso a lo dionisíaco que brinde significado a nuestras celebraciones.

Los griegos asociaban el vino al dios Dionisio, una de las deidades resucitadas, dios de la vida y de la muerte. Representaba la vitalidad y el ritmo entre el ascenso y la muerte. A lo largo de la historia, diversos artistas y teólogos han detectado rasgos dionisíacos en Jesús. Murió y resucitó, comparó su sangre con el vino y hallamos historias cautivadoras sobre su habilidad para crear vino. Nuestras fiestas y celebraciones podrían adquirir un espíritu verdaderamente dionisíaco, despertando por completo la alegría de vivir. Habría menos bebida y más celebración con el espíritu dionisíaco. Podría decirse que, a mayor consumo de alcohol, menor será la presencia de Dionisio.

Del mismo modo que Dionisio fue desmembrado y resucitó y que las uvas son aplastadas para convertirse en vino, las personas deben vaciarse para descubrir una nueva vida. El matrimonio es la muerte de una vida antigua para nacer en una nueva experiencia. La enseñanza principal de Jesús nos invita a olvidar la antigua forma legalista de darle sentido a la vida para dar paso a una filosofía más alegre basada en el principio del amor.

En la historia de la boda en Caná, lo primero que se nos presenta son vasijas vacías. Entonces, sin previa señal, palabras mágicas ni velos, Jesús hace una transformación milagrosa. Las vasijas vacías son llenadas con agua, que luego se convierte en un vino delicioso. De ese modo, Jesús brinda una profunda alegría y ánimo de celebración al matrimonio y a la intimidad humana.

Cabe destacar la presencia de la madre de Jesús y su papel en el desarrollo del evento. Es ella quien señala que el vino se ha acabado, indicio de que también tenía un espíritu dionisíaco. Representa el aspecto maternal de las enseñanzas y del ejemplo de Jesús. Ella apoya su filosofía, que es diferente a la de otras escuelas de pensamiento y religiosas, predominantemente masculinas, abstractas y exigentes. Jesús se guía por el amor y muestra un profundo aprecio por las necesidades humanas básicas. La preocupación de María por la falta de vino es genuina y, en un sentido más amplio, demuestra que es consciente de la pérdida del espíritu dionisíaco.

¿Qué te sucedería si adoptaras las enseñanzas de Jesús? Esta parábola revela que pasarías de ser un moralista a un epicúreo, un amante de los placeres profundos y simples de la vida. Jesús asiste a fiestas. En una ocasión, anima a una mujer a untarle aceite en los pies y, en un Evangelio apócrifo, lleva a sus amigos a bailar.[12] No se trata de un enfoque austero hacia una vida significativa, sino de disfrutar de los placeres y de la alegría. No hablamos de un entretenimiento superficial, sino de la dicha que resulta de seguir las leyes de la vida, lo que en la India llaman «ananda».

En los *Upanishads*, la espiritualidad hindú se encuentra resumida en un término compuesto por tres palabras: «*sat-chit-ananda*», el ser, la consciencia y la felicidad. *Ananda* es la felicidad profunda de ser fiel a tu naturaleza y al flujo de la vida. Es la misma dicha que enseña Jesús, y él la encarna mediante la felicidad de estar con sus amigos y familiares, en buenas cenas y a través de la creación de un buen vino para una boda.

Hoy en día necesitamos desesperadamente esa alegría. Creemos en la virtud fría y nos hemos olvidado de la importancia de la calidez de la amistad y de la comunidad. Estamos demasiado enfocados en las reglas y el éxito personal, por lo que cada vez dedicamos menos tiempo a celebrar, divertirnos y reunirnos. Solemos ser vasijas vacías y limpias, a la espera de convertirnos en recipientes de alegría embriagadora. Sin embargo, desde una perspectiva

---

12. Pervo, Rhichard I. y Hills, Julian V. (trads.), *Gospels: Acts of John*, Polebridge Press, Salem (Oregón), 2015, págs. 94-97.

positiva, nuestro propio vacío nos prepara para el resurgimiento de una vida espiritual dichosa: el Jesús dionisíaco.

EL CARRUAJE VACÍO

Un día el rabino Elimelech de Lizhensk está sentado en su carruaje con el chofer rumbo a su destino. Un grupo de personas lo ve y comienza a seguirlo por las calles. Cuando la multitud es cada vez mayor, el hombre escucha el bullicio y se dirige al chofer.

—¿A qué se debe tanto alboroto?

—La gente quiere seguir la santidad y la virtud —responde el conductor.

—Ah, también yo —afirma el rabino, y procede a bajar del transporte para unirse a la multitud, que ahora sigue un carruaje vacío. [13]

Es natural que un líder espiritual se sienta superior y espere respeto. La sabiduría, la habilidad, la experiencia, la presencia, los títulos o credenciales pueden subirse a la cabeza y hacernos sentir especiales. ¿Cuántos líderes se bajarían del carruaje, ignorarían su ego y seguirían la sabiduría? Son muchos los que no comprenden la paradoja de que el mejor líder es un buen seguidor y el mejor maestro un buen alumno. Al

---

13. Adaptación de leyenda tradicional.

enseñar, debes tener en mente que amas aprender. Cuando estudias, sabes que sigues a tu maestro, pero siempre aprendes por ti mismo. Nunca debería dividirse el paradigma de profesor y alumno en dos personas independientes, pues ambos siguen el carruaje vacío de la sabiduría.

Vaciar el aprendizaje significa que tú, como maestro lleno de información y habilidades, no eres el foco de los estudiantes, sino que estos deben seguir la sabiduría y lo sagrado, ya que el conocimiento es de las cosas más sacras de este mundo, lo que le da valor a la vida. El maestro abre el camino hacia el saber, no es el origen.

Debes tomar consciencia, además, de que tú también persigues un objetivo invisible vacío que no es el éxito personal, sino, quizás, el avance de la humanidad a través de la educación. Tus teorías y prácticas predilectas no deben ser rígidas; debes tender a vaciarlas, lo cual es una misión difícil de lograr. Imagina a un psicólogo junguiano que diga «Jung no tiene todas las respuestas» o a un científico admitiendo que hay mucho que aprender más allá de la ciencia.

Si tus alumnos y seguidores te demuestran su amor, no lo tomes como algo tan personal, pues han sido encandilados por la visión que les has otorgado y por un enfoque de la enseñanza que confiere sustancia y sentido a sus vidas. Tú eres un canal y no el verdadero centro de atención. Cuando escuches gritos de aprobación, recuerda que se trata de una señal para que desciendas de tu honorable carruaje a fin de unirte a tus estudiantes para honrar los tan preciados valores invisibles.

DEJAMOS RASTROS

Permanecemos como rastros, perduramos en nuestra mera delgadez como las líneas apenas visibles de una serigrafía china, con sus capas de pigmento y de carbón que, a pesar de ser ínfimas, logran capturar la profundidad sustancial de un rostro. Nuestra duración no es más que la de una breve melodía, de una composición de notas sin armonía que continúa su eco mucho después de nuestra partida. Así es la ligereza de nuestra realidad estética, de la imagen antigua y atesorada que permanece y perdura.[14]

JAMES HILLMAN

Estas son las últimas palabras de James Hillman en su libro *The Force of Character* (La fuerza del carácter), las mismas que recité junto a su tumba en su funeral. James nos dejó una descripción perfecta de la fragilidad y de la belleza de la vida humana. En términos generales no es gran cosa, pero sin embargo es duradera y melodiosa.

---

14. Hillman, James, *The Force of Character*, Ballantine, Nueva York, 1999, reimpresión, 2000, pág. 202 [Hay. trad. cast.: *La fuerza del caracter y la larga vida*, Debate, 2000]

Dedicaré unas palabras a James y al vacío que describe. Durante su juventud, viajó por el mundo y estudió en las universidades más importantes, tales como La Sorbona y el Trinity College de Dublín. A lo largo de su vida, descubrió la obra de Jung y se especializó en ella. Pero también desarrolló su propia psicología, apartándose de las enseñanzas exactas de Jung cuando lo consideró apropiado. Aunque fue denigrado y criticado por sus colegas, siguió su visión; inspirado por el ejemplo de Jung, permaneció fiel a sí mismo.

Siguió a su *daimon*, su voz o impulso interior, y conoció la belleza y el dolor de obedecer a su guía. Al permitir que aquellas voces hablaran a través de él, fue un maestro poderoso. Honró a sus maestros pasados y no cayó en tretas, es decir, nunca se dejó llevar por la aparición de nuevas pseudo-sabidurías. A su modo, creó una obra que, a mi juicio, formará parte del saber milenario.

Esta forma de aprender y enseñar es un ejemplo de vacío. Debes vaciarte para que la sabiduría entre dentro de ti y te moldee. Para ser un creador, debes hacerte a un lado y permitir que tus ancestros te usen a fin de culminar sus esfuerzos del pasado. Partimos dejando estas vidas sutiles incompletas en cierto modo y aquellos trabajos preciados que hemos comenzado quedan para quienes nos suceden. Dejamos este mundo con un nivel alto y útil de vacío. Nuestro legado para el futuro no es solo lo que hayamos logrado, sino lo que dejemos sin terminar.

Las palabras de James nos enseñan que el vacío no es siempre absoluto. Lo encontramos en los fragmentos que quedan atrás, en el agujero del costal, en la escasa cantidad de pescado y de pan para alimentar a miles de personas. El vacío en sí mismo debe estar vacío, de lo contrario, no puede vaciarnos.

Estoy escribiendo con ochenta años y, como mi amigo Hillman, espero dejar rastros de mis reflexiones sobre la vida humana en mis libros y en los pensamientos compartidos por estudiantes y amigos. A mi modo de ver, somos formas etéreas en movimiento, que añadimos elementos minúsculos a la perfección humana. Pero las aportaciones minúsculas son muy valiosas para conducir a la humanidad hacia el camino de la madurez. Lo pequeño es hermoso; lo diminuto, precioso.

¿A DÓNDE VA MI REGAZO?

La preocupación de lo que pasará conmigo cuando muera es, a fin de cuentas, como preguntarme qué sucede con mi puño cuando abro la mano o con mi regazo cuando me levanto. [15]

ALAN WATTS

El mayor vacío está en el espacio que dejamos al morir. Al leer la imagen ingeniosa de Alan Watts de un puño abriéndose o de la desaparición del regazo, pienso en un mago. Aparecer y desaparecer en este mundo tiene algo mágico, como si de un truco de naipes o monedas se tratase. Cuando nacemos, aparecemos de repente en este mundo, en cierta época, con nuestros intereses y pasiones. Luego, también de forma repentina, dejamos de estar aquí y no sabemos a dónde vamos.

Podremos tener creencias, suposiciones o indicios sobre lo que sucede al desaparecer con la muerte, pero nadie sabe con certeza cómo funciona, si es que funciona. Más allá de

15. Watts, Alan, *The Way of Zen*, Vintage, Nueva York, 1957, reimpresión, 2011, pág. 56. [Hay trad. cast.: *El camino del Zen*, Edhasa, 1977]

lo que suceda después, la vida es muy corta y, en especial cuando envejecemos, pensamos con frecuencia en el final. Tener una idea positiva y motivadora al respecto sería de gran ayuda, pero no queremos una ilusión solo para sentirnos mejor.

Mi manera de lidiar con este asunto tan importante es intentar pensarlo con detenimiento. No deseo engañarme a mí mismo o encontrar una escapatoria en una de las creencias disponibles (el cielo, la reencarnación, la nada), aunque las aprecio y las acepto hasta cierto punto. Pero lo que encuentro más convincente es que la ciencia no lo sabe todo. Sospecho que el mundo es mucho más misterioso de lo que la ciencia puede tolerar. Existen muchos misterios, enigmas y fenómenos inexplicables. Tampoco creo ser la máquina cerebral de los laboratorios de psicología moderna; llevo una vida significativa, con pensamientos y emociones profundas. Tengo temores y esperanzas para mi generación que no son propios de un ser meramente físico. En otras palabras, creo que mis compañeros humanos y yo tenemos alma. Jung dijo que el alma no depende por completo del cuerpo, y yo también lo percibo. En conclusión, mi concepción de la vida humana no se limita al cuerpo físico y me da esperanzas para mi último acto de desaparición.

He sido criado como católico creyente en la vida eterna. Aunque haya dejado atrás muchas de las creencias infantiles que me han enseñado, como adulto soy capaz de reformularlas y de honrarlas. No necesito ser mejor que mis padres y maestros descartando sus ideas por completo.

Otro factor que me da esperanzas frente al vacío aparente que marca mi vida es el amor por quienes han sido y son cercanos a mí. El amor parece eterno y no es una mera sensación física. El universo tendría que ser muy cínico para borrar un amor tan intenso a medio camino, y me niego a vivir con ese grado de hipocresía.

También me ayuda el hecho de no pensar en la vida como una sucesión extensa de acontecimientos independientes en una larga línea. Para mí, no se trata de una sucesión, sino de un instante en el presente inconmensurable en el que los acontecimientos se presentan uno junto al otro para crear un círculo de anécdotas a mi alrededor. Todos existen en un momento determinado y, a cada instante, soy la suma de todos ellos, más el evento que esté ocurriendo en ese segundo.

Cultivo una virtud, un poder del alma que aprendí siendo joven: la esperanza. No se trata de esperar recibir algo que deseo, sino de tener confianza plena en la vida, aun cuando no hay una expectativa concreta. Es la esperanza a la que te aferras cuando un médico te dice que la medicina ya no puede hacer nada por ti. No es una fe racional ni tiene que ver con evidencias. En su lugar, el poder del alma es el que te sostiene ante el misterio y la desesperación.

Me gustan las imágenes con las que Allan Watts ilustra la desaparición final, en parte porque son divertidas y simples. Creo que la alegría que genera la esperanza puede hacer que la muerte sea, al menos, tolerable y que el mero acto de ponerse de pie muestra hasta qué punto este puede formar parte de la muerte. Es algo tan sencillo que nuestros esfuerzos podrían pasar desapercibidos.

NADA MÁS

En la mañana del primer día de la semana, temprano, las mujeres se dirigieron al sepulcro con las hierbas que habían preparado, pero descubrieron que este estaba abierto. Al entrar, no
hallaron el cuerpo del Mesías. Entonces, partieron para infor-
mar a los Once y a los demás de lo sucedido. Entre las mujeres
se encontraban María Magdalena, Joana, María, madre de San-
tiago... Pedro corrió hacia el sepulcro, lo inspeccionó y vio las
sábanas de lino. Nada más. [16]

EVANGELIO DE LUCAS

Este Evangelio relata una de las mayores historias de vacío
de todos los tiempos: la tumba de Jesús. Imagina los sucesos
de la historia: durante mucho tiempo, Jesús ha estado dando
indicios de que resucitaría al tercer día. Han pasado tres
jornadas desde la ejecución cuando un grupo de seguidoras
se acerca a la tumba en la que fue sepultado, donde encuentran las sábanas de lino, pero no a Jesús. No hay cuerpo. El

16. Moore, Thomas (trad.), *Gospel: The Book of Luke*, Skylight Paths,
Nashville (Tennesse), 211, págs. 170-171.

sepulcro está vacío. Hay sábanas de lino y lo que los griegos llaman «*mona*»: nada más. ¡Eso es todo!

El sepulcro vacío es el detalle más importante y extraordinario sobre Jesús en los Evangelios. Demuestra que ha resucitado, que se ha «ido». El lugar que ocupaba está vacío, y la resurrección se convierte en el tema más relevante de su vida. El sepulcro vacío es la esencia de Jesús, que les había dicho a sus fieles que serían la encarnación de su presencia viviendo de acuerdo a sus valores.

Pero ¿qué significa esto? ¿Esta historia es real? ¿De veras Jesús resucitó, literal y físicamente? Muchos piensan que así fue. ¿O bien se trata de una historia sobre sus enseñanzas? ¿Acaso todos debemos despertar de nuestras vidas ignorantes e ineficientes? ¿La tumba vacía es señal de que nuestro reposo ha terminado? Ya despertamos y sabemos mucho mejor de qué trata la vida y cómo continuar.

La imagen del sepulcro vacío es una cruda llamada de atención. Puedes despertar de la vida agónica que llevas y resucitar para iniciar la vida nueva del reino que predicaba Jesús. También el budismo tiene una experiencia de despertar similar. Buda abandonó la protección de su hogar familiar para enfrentar la edad, las enfermedades, la muerte y la vida como monje. Se le conoce como el «despierto» o «iluminado». El término griego «*egeiro*» utilizado en los Evangelios puede significar «elevarse» o «despertar».

¿Cómo estamos dormidos? Principalmente, nos dominan formas culturales de pensar y de encontrar sentido. Aceptamos lo que nos presentan los medios como valores importantes sin cuestionarnos nada. También replicamos hábitos familiares que suelen provenir de muchas generaciones atrás. Adoptamos su ceguera y falta de reflexión y seguimos tradiciones religiosas aceptando sus creencias infantiles y valores superficiales.

No es suficiente con aceptar y aplicar una enseñanza. Debemos evaluarla con detenimiento, dejar que se desarrolle, madure y se vuelva propia, al menos en parte. Debe vivir dentro de ti, no permanecer como un cuerpo inerte en el centro de tu mente, pues si permites que no tenga vida, pasarás tu vida durmiendo.

Cuando consigues un trabajo o eliges una carrera pensando solo en las ganancias e ignoras un trabajo vital en constante cambio y desarrollo, estás adormecido. Debes estar siempre abierto al cambio y a los giros inesperados. No puedes ponerte demasiado cómodo, ya que esa es la posición para dormir, no para trabajar.

Cuando alguien observe el mausoleo de tu ser al final de un matrimonio, de una carrera o de otro capítulo importante en tu vida, debe verlo vacío. Has resucitado. No eres un cuerpo en descomposición, sino uno vivo y funcional. Tu antiguo ser ya no está allí y has seguido adelante. A lo largo de tu vida, has despertado y dejado una tumba vacía con frecuencia.

El sepulcro vacío de los Evangelios es señal de que, sin importar la muerte que hayas atravesado, puedes resucitar. Frente a un final o fracaso que parezca terminal, podrías sentirte deprimido o emocionalmente sepultado. Lo que realmente necesitas es una tumba vacía, la señal de que ya no te encuentras en ese estado moribundo, sino que has vuelto a la vida.

La tumba vacía no es solo una metáfora del regreso a la vida tras un fracaso o una pérdida. También puede fundamentar la creencia de que la vida no termina con la muerte, sino que transiciona hacia una forma de vida nueva. En este sentido, la tumba vacía es como el grano en los misterios eleusinos griegos y nos recuerda que la muerte y la resurrección son leyes de la naturaleza, como una semilla sembrada en la tierra. Por tanto, es sensato tener fe en que la muerte no es el fin. No se trata de sabiduría o creencia, sino de simple y llana esperanza. La imagen inexplicable del sepulcro vacío nos ofrece la esperanza de que la vida tiene sus secretos, que podrían incluir una continuidad aún indescifrable.

DEJAR DE INTENTAR

Eres feliz cuando dejas de intentar ser feliz.[17]

ZHUANGZI

Las palabras «placer», «satisfacción», «dicha», «buena suerte» y «alegría» en el diccionario están asociadas con la felicidad. Las personas son felices cuando no hay nubes oscuras que les causen preocupaciones. «¿Yo, preocupado?», dijo Alfred E. Neuman, de la revista *Mad*, aunque no hacía muy buena propaganda de la felicidad, pues lucía más aturdido que alegre. A pesar de que hoy en día hay estudios serios sobre la felicidad, el término tiene cierta ligereza que lo hace escurridizo. La felicidad es tan ligera que, de hecho, resulta difícil definir qué la compone. Suele ser una sensación de bienestar esporádica que no tiene por qué durar para que sea apreciada. Es como una estrella fugaz o, en palabras de Wallace Stevens, un «faisán que desaparece en un arbusto»[18].

---

17. Adaptación de frase comúnmente atribuida a Zhuangzi.

18. Stevens, Wallace, «Adagia», II, *Opus Posthumous*, Vintage, Nueva York, 1983, pág. 198. [Hay trad. cast.: *Adagia*, Ediciones Interzona, 2023]

Zhuangzi dice que intentar ser feliz es precisamente la forma errónea para serlo. El taoísmo no recomienda *intentar* nada, pues su ideal es el «*wu-wei*», es decir, lograr mucho sin hacer nada. No podemos forzar la felicidad. Quizás vas de vacaciones a un sitio especial para ser feliz, pero tu plan podría fracasar, ya que la naturaleza de la felicidad es simplemente suceder, como un estado de ánimo más que un estado que pueda forzarse. En este sentido, la felicidad es un regalo de los dioses y ángeles y no puede crearse.

Naturalmente, puedes diseñar tu vida para fomentar la felicidad, pero no forzarla o exigirla marca la diferencia. Tan solo debes preparar el escenario adecuado y aguardar la llegada del ángel de la felicidad. Es el trabajo de una musa, como la inspiración para un artista. Podría ser el obsequio de un *daimon*, de una fuerza invisible, interna y externa, que impulsa la vida y previene el peligro. La palabra que utiliza Aristóteles para la felicidad es «eudaimonía», «buen *daimon*».

El *daimon*, al igual que la felicidad, no se presenta con frecuencia. La felicidad puede ser un sentimiento pasajero y no un estado continuo. La consciencia de su existencia efímera quizás sea suficiente para nutrirte. Recibes una dosis de felicidad como si fuese una descarga eléctrica, lo cual te anima hasta la próxima vez, aunque también puede expandirse e inspirar la sensación de una vida plena.

Hemos llegado hasta aquí para decir que la felicidad también puede estar vacía; vacía de nuestras exigencias y de nuestro control. Se trata más de un misterio que de un producto, más de un obsequio que de un logro. Si la mantienes vacía, su plenitud estará a tu disposición. Valora la infelicidad como una sensación legítima e incluso valiosa y entonces serás capaz de percibir la felicidad cuando llegue. Es posible que sea más satisfactoria si está inmersa en un ritmo de desafíos, tristeza y monotonía, ya que la constancia podría volverla sosa e ineficiente. La felicidad va y viene, y ese ritmo es parte de su atractivo. No querrías que fuese infinita, ya que entonces no sabrías que la tienes: la felicidad se define por su opuesto. Cuando la tristeza desaparece o la depresión se apaga, te sientes feliz tan solo por su ausencia.

Tal vez descubras que ser feliz también conduce a algún tipo de infelicidad. Es posible que, en un principio, estés entusiasmado por haber tenido ganancias inesperadas, pero después sufras el lado amargo de ser rico. Puedes casarte sintiéndote dichoso y, un año más tarde, desear escapar de ese matrimonio. Quizás consigas el trabajo que tanto anhelabas y luego descubras que te has dejado llevar por falsas promesas.

Existe una clase de felicidad que proviene de la buena fortuna o de momentos de paz y tranquilidad, especialmente los de naturaleza emocional. Pero existe otro tipo de felicidad que se origina cuando simplemente eres tú, cuando estás en contacto con tus leyes internas y fluyes con la vida sin exigencias neuróticas sobre ti mismo.

Esta clase de felicidad no se persigue de forma directa, pero puedes aprender cómo funciona la vida, cuál es tu naturaleza particular y estar alerta para no incumplir a estas condiciones. Entonces podrá llegar una felicidad más profunda que no desaparecerá cuando algo salga mal o sientas tristeza ocasional. Será como una nube luminosa con los tonos rosados del atardecer que te llenará como si brillara dentro de ti.

NO HACEN FALTA PALABRAS

Tienes una caña para pescar un pez. Cuando lo pescas, ya no necesitas la caña.

Tienes una trampa para atrapar a un conejo. Cuando lo atrapas, ya no necesitas la trampa.

Usas palabras para transmitir significado. Cuando lo transmites, no necesitas las palabras.

Quisiera conocer a una persona que no tenga más palabras para tener una charla con ella.[19]

ZHUANGZI

¿Cómo mantienes una conversación con alguien que se ha quedado sin palabras? ¿Os miráis en silencio o pronunciáis palabras ajenas? Quizás utilicéis palabras indefinidas que floten como la poesía. Cuando Robert Frost escribió que en un cruce de caminos elige «el menos transitado»[20], no se refería

---

19. Adaptado de: Watson, Burton (trad.), *The Complete Works of Chuang Tzu*, Columbia University Press, Nueva York, 1968, pág. 302.

20. Frost, Robert, «*The Road not Taken*», Poetry Foundation, https://www. poetryfoundation.org/poems/44272/the-road-not-taken, [22 de diciembre, 2022].

realmente a ningún camino, sino a su vida. René Magritte pintó una pipa y sobre ella escribió: «Esto no es una pipa». No se trata de una pipa, por supuesto, pues no es posible fumar con ella. Del mismo modo, tampoco puedes encontrar el camino que ha tomado Frost o el que no ha tomado. Esto no es un camino.

Entonces, ¿qué son las palabras si no significan lo que describen? Las palabras tienen historia y personalidad y pueden usarse en sentido poético para significar algo diferente a su definición en el diccionario o a la intención de quien las usa. El poema de Frost aborda cómo vivir, no se trata de un camino físico.

El vacío de una palabra puede encontrarse en su resistencia a una definición limitada o a su etimología profunda. Por ejemplo, un restaurante es un lugar donde comer algo bien preparado, pero la raíz de la palabra significa «restaurar» y tiene otra connotación. Puedes hacer que la palabra signifique lo que tú quieres, pero tiene una historia y, antes de tratarse de comida, se trataba de restaurarse a uno mismo. Conoce las palabras que tienes a disposición y escucha lo que quieren decir. Sus significados con frecuencia serán diferentes a lo que la gente cree que dice.

Al conversar con personas que no disponen de un grupo rígido de palabras, eres libre de expresarte sin jerga, guion, ideología u ortodoxia. Las palabras no estarán vacías sin esta amplitud y deben estarlo para poder ser usadas con libertad. Muchos grupos de pertenencia tienen su jerga especial, al igual que las personas individuales. Hay palabras emocionales, otras que intentan forzar una conclusión y otras que son maliciosas y manipuladoras. Debes reconocer cuándo las palabras que te dicen no están vacías. ¡Presta atención!

Una palabra vacía está abierta a discusiones e interpretaciones. No tiene intenciones ocultas en su interior como el caballo de Troya. La palabra «religión», por ejemplo, es un término que me resulta difícil. Concibo la religión como una forma de vida abierta a la infinidad y al misterio, pero las religiones y sus adeptos suelen entender lo contrario. Para ellos, no es una palabra abierta y vacía, sino que se refiere a un sistema de creencias establecidas con tradiciones autoritarias fuertes. Por tanto, según su uso, «religión» puede ser una de las palabras menos vacías y más rígidas.

Las palabras pueden perder su vacío de muchas formas, a veces solo para la ocasión. Por ejemplo, alguien dice que quiere conversar conmigo, pero pronto descubro que, en realidad, su intención es inculcarme su forma de pensar. La posibilidad de compartir palabras vacías se convierte entonces en una conversación en la que las palabras no son vacías en absoluto. Donde esperaba una discusión, me encuentro con un sermón cuyo objetivo es hacerme pensar de cierto modo.

Walt Whitman vacía las palabras hasta hacerlas mucho más íntimas para nosotros:

> ¿Pensabais que esas eran las palabras, esas líneas?
> ¿Esas curvas, ángulos y puntos?
> No, esas no son las palabras. Las palabras trascendentes
>   se encuentran en la tierra y en el mar.
> Se encuentran en el aire, se encuentran en ti. [21]

---

21. Whitman, Walt, «To the Sayers of Words», *Poems by Walt Whitman*, ed. William Michael Rossetti, Chatto & Windus, Londres, 1901, pág. 250 [Hay trad. cast.: *Hojas de hierba*, Alianza Editorial, 2012]

Las palabras que leemos o decimos no son las reales. Las palabras de verdad yacen en los árboles y arroyos.

Un viejo sabio dijo una vez: «¿Puedo intercambiar unas palabras con usted?». Su compañero respondió: «No tengo palabras, ellas me tienen a mí».

Las palabras tienen poder y, tal vez, su significado no proviene de nosotros. Revisa la etimología de un término y verás que la historia lo ha moldeado; estás bajo el hechizo de la historia cuando lo usas. James Hillman decía que las palabras son ángeles, mensajeros y mensajes.[22] Anheló la existencia de una «angelología de las palabras» en la que expertos en ángeles nos revelasen sus significados.

Muchas de las palabras que usamos a diario están codificadas y cargadas de prejuicios y expectativas. Las personas tienen motivaciones secretas al usarlas y las llenan de ego y ansiedad. Se preguntan si su interlocutor será conservador o liberal, religioso o secular, feminista, gay, ambientalista... En estos casos, pienso como Zhuangzi, con una variante: «Preséntame a una persona con palabras vacías para tener una conversación con ella».

---

22. Hllman, James, *Re-visioning Psychology*, HarperCollins, Nueva York, 1975, pág. 9. [Hay trad. cast.: *Reimaginar la psicología*, Siruela, 1999]

NINGÚN TIGRE

Un día, el líder de la aldea le pidió a Nasrudín que saliera a cazar tigres. Nasrudín pensó que debía hacerlo, aunque no quería.

—¿Cómo te ha ido? —le preguntaron sus amigos cuando regresó.

—Fenomenal —respondió.

—¿Cuántos tigres has cazado?

—Ninguno.

—¿Con cuántos te has enfrentado?

—Con ninguno.

—¿A cuántos has visto?

—A ninguno.

—¿Y por qué dices que ha sido fenomenal si no has visto ningún tigre?

—Cuando cazas tigres, ninguno es más que suficiente.

En ocasiones, te implicas demasiado buscando algo cuando sería mejor dejarlo estar. Cuando era joven, no sabía lo que me deparaba el futuro y sentía que necesitaba un trabajo acorde a mis talentos, así que me inscribí en un puesto como escritor de manuales de procedimientos para una aseguradora. Como prueba, me pidieron que escribiera un manual de cualquier cosa para demostrar mi capacidad, así que escribí uno sobre un órgano, ya que sabía mucho al respecto.

El reclutador fue sagaz. «Ha hecho un trabajo excelente, pero parece un verdadero escritor. Necesitamos a alguien que pueda escribir bien un manual de procedimientos y que no tenga aspiraciones literarias. Lo lamento, pero no podemos contratarlo», me dijo. Su lógica fue clara, aunque un poco retorcida: «Buscamos a alguien que escriba bien. Usted es un buen escritor, así que no podemos contratarlo».

No obtener el empleo fue algo bueno, ya que este hubiera matado mi espíritu. No conseguirlo me dejó vacío, abierto a la maravillosa carrera que me esperaba. Si alguien me hubiera preguntado si tenía alguna idea de lo que buscaba para el trabajo de mi vida, hubiera respondido: «Ninguna es suficiente».

Esta sencilla historia contiene varias lecciones de vida. Por ejemplo, cuando buscas algo que deseas mucho, acabar vacío puede ser el mejor resultado. Con frecuencia, es mejor no conseguir lo que deseas. Es probable que el objeto de tu deseo no sea bueno para ti a largo plazo, sin importar lo fuerte que sea dicho deseo. Es posible que no veas el panorama completo al enfocarte en un único objetivo. Cumplir un deseo también puede bloquear otras posibilidades, ya que entregarse demasiado a él interfiere con los deseos que están por llegar. Si un amigo te pregunta si has conseguido el trabajo que buscabas, tú respondes: «No. He conseguido otro, que resultó ser el trabajo perfecto que no sabía que estaba buscando».

En la historia de Nasrudín, vemos que no le ha perturbado no haber visto ni un solo tigre durante su expedición. Es un hombre entrenado en el vacío que conoce el valor de no encontrar ni rastro de lo que busca. Quizás la cacería es suficiente, a pesar de no ser exitosa en el sentido convencional.

A lo largo de mi vida, me he esforzado por ser sacerdote, músico, profesor universitario… Al final, me he convertido en un autor superventas y en un orador que viaja por el mundo, dos roles a los que nunca había aspirado. Por fortuna, mis objetivos iniciales no detuvieron mi búsqueda. El trabajo que conseguí no era el que tenía en mente, pero ha acabado cobrando más valor para mí que cualquier cosa que pudiera haber anhelado.

Mi amigo John estudió mucho para ser ingeniero y consiguió trabajo en una escuela pequeña, donde se sintió atraído por el trabajo del capellán, lo cual lo impulsó a estudiar teología. Más adelante, fue pastor de una iglesia. Ese rol no le acabó de encajar y se acabó convirtiendo en un psicoterapeuta muy preparado y capaz. John me dijo más de una vez que, en lo más profundo de su corazón, se sentía ingeniero, pero que le alegraba ser terapeuta. Al principio, persiguió una vida como científico, la cual le generó un vacío que llenó siendo psicoterapeuta. Ese es el tigre que siempre había estado buscando.

Otra perspectiva que nos ofrece esta historia es recordar que, a veces, el camino es más importante que la meta. Como dijo el poeta griego Cavafis en su famosa obra «Ítaca», son nuestros objetivos los que nos mantienen en movimiento, aunque el final de la ruta resulte decepcionante:

«Ítaca te brindó tan hermoso viaje.
Pero no tiene ya nada que darte.» [23]

---

23. Cavafy, C. P., *The Complete Poems of Cavafy*, tad. Rae Dalven, harvest/Harcourt, San Diego (California), 1976, págs. 36-37. [Hay trad. cast.: *Poesías completas*, Hiperión ediciones, 1997]

EL TIESTO VACÍO

Había llegado el momento de que el emperador se retirara y encontrara a un sucesor. Para tal fin, entregó un tiesto lleno de tierra fértil a cada joven del imperio. «He sembrado una semilla en cada tiesto. Cuidadlos y, quien me traiga la planta más hermosa y saludable, se convertirá en mi sucesor. Os recibiré dentro de cuatro meses», les dijo.

Jun llevó su tiesto a casa, lo colocó en un lugar soleado, lo regó a diario y le habló con palabras amables, pero la planta no creció. No asomó ni un brote verde de la tierra. A pesar de haber cuidado del tiesto durante cuatro meses, no sucedió nada, y finalmente llegó el día de reencontrarse con el emperador.

Jun llevó su tiesto al palacio, donde se reunió con una horda de jóvenes. Cada uno portaba su tiesto y enseguida notó que todos tenían muchos tallos altos y brillantes y hojas verdes. El emperador observó los tiestos fértiles y anunció: «He hervido todas vuestras semillas, ninguna debió haber crecido. Sin embargo, solo veo un tiesto vacío. Sin duda, todos los demás habéis reemplazado las semillas y habéis intentado ser más listos que vuestro emperador. Pero Jun ha sido honesto y valeroso al presentarse con su tiesto vacío y él será vuestro nuevo emperador». [24]

---

24. Adaptación de historia tradicional china.

Enfrentar el vacío no es tarea fácil, aunque este sea de naturaleza misteriosa y sobrenatural. Todos desean plenitud, éxito y realización, por lo que no es sencillo tolerar el fracaso, ni siquiera si es honesto. El vacío y la ausencia no decepcionan fácilmente, pero si lo que tienes es vacío y fracaso, eso es lo que cargas contigo y, sea cual sea su origen, debes llevarlo con honor.

Esta es una de las reglas básicas de la vida: saber soportar los desafíos y las grietas. Los jóvenes que sembraron semillas nuevas en sus tiestos no pudieron tolerar llevarlos vacíos frente al emperador. En ocasiones, debes aceptar el fracaso en lugar de buscar justificaciones o formas de cubrirlo. Afrontar el vacío tiene recompensas.

El vacío es capaz de definir de forma misteriosa quién eres y contribuir a tu realización personal. Quizás dediques toda tu energía a evitar la inestabilidad y las grietas, pero hacerlo te hará perder el foco.

Esta antigua historia china sobre el tiesto vacío nos enseña a aceptar las imperfecciones que nos presenta la vida. Negarlas o ignorarlas podría alimentar nuestro ego momentáneamente, pero, en última instancia, evitaría que disfrutásemos de la recompensa de llevar las riendas de nuestras vidas. Para ser emperador de tu vida, debes valorar el vacío cuando se presenta.

La imagen de las semillas también alude a la idea de crecimiento. Deseamos que nuestras vidas crezcan como si fueran plantas que solo necesitan agua, sol y cuidados, pero, tal vez, el crecimiento no es el único valor que importa. Quizás sea importante que parte de nuestro potencial no llegue a materializarse. Quizás necesitemos caminos inconclusos y oportunidades perdidas que sean parte de nuestro ser en su totalidad.

El desarrollo y la maduración tal vez no sean los valores absolutos que creemos que son. James Hillman solía decir que, detrás de la idea misma del desarrollo humano, existe una fantasía maternal, que somos seres humanos, no árboles. Quizás existan otras fantasías profundas de la vida humana más allá del desarrollo y del crecimiento. Podemos pensar en la existencia de artistas o científicos que atravesaron periodos de bloqueo y de grandes obstáculos que les inspiraron ideas nuevas o que, al menos, acabaron siendo parte importante de su obra completa.

El emperador de la historia es muy listo y sabe que seguir las reglas y tener éxito no son siempre señales de un buen líder potencial, pues este también debe conocer el valor de no crecer o fracasar. En un nivel más profundo, debemos comprender que también debemos nutrir la falta de crecimiento y la derrota para tener una vida exitosa.

Lo mejor es incorporar el vacío en todas sus formas a nuestra concepción de la vida. Debemos cuidar nuestros tiestos vacíos sin avergonzarnos de que no haya nada en su interior. No crecer podría tener un propósito. Si alguien te pregunta «¿qué está pasando en tu vida?» y tu respuesta es «no mucho», la afirmación de vacío podría llevarte a madurar para que puedas vivir tus complejidades. No sentir la necesidad de mostrar tus logros o tu planta radiante es una alternativa a la exigencia de exhibir siempre las hojas verdes del éxito.

OLVIDO

Me convertí en agua
    y me vi a mí mismo
        un espejismo.
Me convertí en océano
    me vi a mi mismo
        una gota de espuma.
Tomé consciencia
    y vi que nada es más
        que olvido.
Desperté
    y me encontré
        dormido.[25]

BINAVI BASAKHSHÂNI

Este poema de desaparición de Binavi Basakhshâni, un sufí afgano, ilustra el vacío como una instancia de nuestro ser.

---

25. Badakhshâni, Binavi en *The Drunken Universe: An Anthology of Persian Sufi Poetry*, trad. Peter Lamborn Wilson y Nasrollah Pourjavady, Phanes Press, Grand Rapids (Michigan), 1987, pág. 95.

Cuando creemos haber conseguido algo, ese algo se escapa o se convierte en lo opuesto.

Qué descubrimiento verse como un espejismo, justo lo opuesto al mito de Narciso, quien se halló a sí mismo en el agua. Puedes mirar tu reflejo y ver la nada. ¿Es el yo un espejismo? ¿Es la sensación de ser persona una fantasía, una revelación temporal que se desvanece en el reflejo? ¿O es ser un individuo menos importante de lo que creemos? ¿Será nuestro propósito en este planeta contribuir a la comunidad humana, más que destacar como entidad individual?

A lo largo de la existencia, obtienes una visión amplia de la vida y de tu lugar en ella, pero este poema dice que las grandes visiones se convierten en una gota de espuma en el océano. Quizás tener una gran vida —lo cual, sin duda, es una aspiración valiosa— solo funciona si te ves a ti mismo como una gota. Los alquimistas usaban la frase «más grande que lo grande, más pequeño que lo pequeño». ¿Se trata de una contradicción? Tal vez no. Es como un balancín, que necesita dos extremos iguales para que el juego sea divertido.

Tomas consciencia, pero descubres que en el flujo de la vida olvidas de qué eras consciente. Necesitas el olvido tanto como la sabiduría. Los descubrimientos deben hundirse en el abono de lo que sabes y en lo que te has convertido. Emily Dickinson cuestionó: «Cuando las cosas se deslizan de nuestra mente, ¿es olvido o absorción?»[26].

Los antiguos griegos veneraban a Leto, el río del olvido por el que debían cruzar las almas de camino al Hades. A

---

26. Wentworth Higginson, Thomas, «Emily Dickinson's Letters», *Atlantic Monthly*, https://www.theatlantic.com/magazine/archive/1891/10/emily-dickinsons-letters/306524. [octubre 1981].

fin de prepararte para la vida que está por venir, olvidas la pasada, lo cual quizás no tenga el sentido literal de una vida después de la muerte, sino de un patrón en la vida misma. ¿Se tratará más bien de un ritmo entre el recuerdo y el olvido, entre tomar consciencia y olvidar de qué eras consciente? Tal vez esté bien llevar una vida de olvido absoluto y dejar que cualquier fuente de esta vida sea la que recuerde.

Es necesario que la consciencia se convierta en olvido para poder emerger otra vez. Y es el flujo de consciencia y olvido lo que mantiene a la imaginación viva y activa. No te aferras a la consciencia, porque eso detendría el flujo y el ritmo. Disfrutas, en cambio, del momento de sabiduría y luego olvidas.

La lección más difícil de procesar es que despertar tras años de letargo y falta de consciencia no es el gran logro que creemos. Despertar es un objetivo que merece la pena, pero, si no comprendes que no es más que una ocasión para volver a dormir, estarás perdido. Buda no es solo «el despierto», también es «el dormido», el que descansa tumbado de lado con la cabeza en las manos. Existen muchas representaciones de Buda despierto y también dormido, al que a veces llaman Buda reclinado o Buda entrando al nirvana. También tenemos una imagen de Jesús dormido en un bote en medio de una tormenta; mientras que sus seguidores intentan despertarlo, él calma las aguas. Los líderes espirituales saben cuándo no estar despiertos y alerta.

La historia de Jesús en el bote nos enseña a encontrar paz y relajación para atravesar las tormentas de la vida diaria. Podemos despertar y entrar en acción para calmar la tormenta si es necesario, pero la respuesta normal es dormir donde estemos. Escuchamos mucho sobre despertar y tomar consciencia, pero poco se habla sobre dormir como forma de vida.

Muchas personas están interesadas en ser más conscientes. Algunas desean ser conscientes de sus sueños, tener sueños lúcidos y poder controlar su desarrollo. Hablan de tomar consciencia como si fuera un gran logro. Pero, tal vez, «consciencia» no sea la mejor palabra. Tal vez deberíamos estar tan inconscientes durante el día como cuando dormimos por la noche. En ocasiones, recurrimos a un psicoterapeuta pensando que, si nos comprendemos a nosotros mismos, tendremos una vida más fácil, pero luego podríamos descubrir que esa comprensión no ha tenido el impacto esperado. Quizás sepas por qué haces algo que te causa dolor y, sin embargo, no puedas dejar de hacerlo.

En lugar de despertar y tomar consciencia, es posible que necesites un enfoque que esté a medio camino entre la vigilia y el sueño o una combinación de ambos. Aquí es donde entran en juego las imágenes y la imaginación. Recurrir a alguien a quien puedas contarle tu historia y sentirte escuchado podría ser más efectivo que hablar con alguien que te dé una explicación sobre lo que te está pasando.

Dormir consiste, en buena parte, en soñar, y son los sueños los que nos permiten comprender los problemas de nuestras vidas. Tal vez necesites ser más soñador que analítico. La vida es más placentera viviendo en un estado de ensoñación que esforzándonos por estar despiertos y conscientes.

Finalmente, despiertas. Como Buda, te conviertes en el despierto o resucitas y te elevas de la tumba como Jesús. Pero, una vez más, descubres que estás durmiendo. La resurrección y el sueño se suceden una y otra vez en un ritmo que define una buena vida. Debes dormir para poder resucitar y convertirte en un ser consciente. Debes despertar para poder sumergirte en el sueño de la inconsciencia. El rimo de la vida es como el de un día normal: despertar y dormir; dormir y despertar.

AUSENCIA

Un día de verano, fui de visita, mas el maestro se había
    marchado
a algún sitio.
Solo quedaba una flor de loto
en un jarrón
custodia del retiro,
llenando la habitación
con su fragancia. [27]

TEISHIN

Ryokan (1758-1831) fue un renombrado poeta zen y calígra-
fo japonés. A sus sesenta y ocho años, conoció a la monja
zen Teishin, que era cuarenta años menor que él, se hicieron
amigos e intercambiaron poemas en una forma de diálogo
creativo.

Este poema relata que Teishin llega de visita, pero el
maestro no está allí. En su lugar, encuentra un arreglo floral
y percibe el aroma que inunda la habitación. Es un momento

---

27. Teishin, «Gone Away», *Between the Floating Missst*, s/p.

similar al del Evangelio, en el que las seguidoras de Jesús visitan el sepulcro tras la ejecución, pero lo encuentran vacío. Aquí el maestro también está ausente, pero la habitación está llena por algo invisible pero perceptible. Mientras que el recinto está vacío para la vista, para el olfato hay algo allí, sin lugar a dudas.

Algunas cosas pueden aparentar estar vacías, pero estar llenas desde otro punto de vista. Un año, mi familia deseaba mudarse a una casa más pequeña cerca de un lago en Nueva Inglaterra. Mi esposa y mi hija desecharon varias casas, me mostraron las que les interesaban y, al final, dijeron: «Hay una más, pero no creemos que sea una posibilidad. Parece un lugar en construcción, lleno de tejas y verjas de plástico». Sin embargo, fuimos a ver esa casa de todos modos y, para mi sorpresa, me encontré con una buena construcción en un lugar hermoso que necesitaba algunos cambios estéticos. Terminamos comprándola, arreglando el jardín y haciendo algunos ajustes al edificio. Su plenitud se manifestó y llevamos muchos años disfrutando de ella. La casa estaba vacía, a la espera de ser terminada. Debemos ver lo que no está a la vista. El maestro de la historia no estaba en casa, pero el aroma de las flores llenaba el lugar. Del mismo modo, cuando vi esa casa, olí algo.

Esta historia es una metáfora de la vida. El vacío puede ser una invitación a incrementar la intensidad y el placer de la existencia. Cuando consigues un trabajo nuevo, al principio puede que sientas que no te aporta demasiado, hasta que hueles sus virtudes ocultas. La vista puede ser engañosa y otros sentidos son capaces de decirnos más: la intuición, la memoria, la premonición y la imaginación.

Este poema nos enseña que el momento en que creemos que algo está vacío supone una buena oportunidad para usar el «olfato» y percibir algo bueno. Busca lo que nadie más ve y presta atención a lo invisible.

No es necesario que el vacío sea absoluto, puede ser suficiente con que sea parcial o con que parezca vacío cuando en realidad no lo es. Detectar un vacío es una buena señal para permanecer donde estamos, explorar y evaluar las posibilidades que nos ofrece. Si no hay nadie en casa, puedes oler las flores.

En una ocasión, en la catedral de Siena, tenía muchas ganas de ver un tapiz de Hermes Trismegisto, una imagen singular frecuentemente replicada. Suponía que esa sería la única vez que estaría en Siena en mi vida. Pero el día que visité la catedral el tapiz estaba cubierto para evitar que el sol lo desgastara y no era posible verlo. Sin embargo, visitar la catedral me permitió descubrir un museo subterráneo antiguo y original al otro lado de la plaza, en el que hallé con mayor intensidad el misterio que esperaba ver en la catedral. En ocasiones, si alguien no se presenta o un lugar está cerrado es una señal para usar la nariz, oler otras posibilidades y, tal vez, llegar a cumplir tus deseos.

BAMBÚ PODRIDO

La monja zen Chiyono estudió y practicó la meditación durante mucho tiempo sin llegar a ninguna parte. Una noche de luna llena, portaba agua en una cubeta vieja reforzada con bambú. Pero el bambú se rompió, el fondo de la cubeta cedió y, en ese instante, Chiyono fue liberada.

Luego, para recordar ese momento, escribió:

Di todo para evitar que la cubeta
se quebrara
porque el bambú estaba podrido
y pronto cedería.
La base finalmente se rompió.
Ya no hay agua en la cubeta.
No hay luna en el agua. [28]

¿Cuántos aspectos de nuestras vidas se salen de su curso, pero nos aferramos a ellos de todas formas? Algunas cosas no son muy significativas: una camiseta vieja y deteriorada en el

28. Adaptado de: Ross, Wilson (ed.), «Zen Flesh, Zen Bones», *The World of Zen: An East-West Anthology*, Vintage Books, Nueva York, 1960, págs. 77-78.

armario o un par de zapatillas agujereadas. Otras, en cambio, tienen mucho peso: una carrera truncada o un matrimonio desgastado. Nos aferramos a ellas sin percibir cómo interrumpen el flujo de la vida en general. Si te liberas de tu ropa vieja, sentirás liviandad en tu corazón. Si dejas un trabajo que ya no es apropiado para ti, notarás la ligereza de tus pasos.

La monja de la historia no solo transporta una cubeta que se está desmoronando, sino que también soporta el peso del agua y del reflejo de la luna. Es demasiado peso, y lo mismo sucede con temas más importantes en la vida. Cuando cargas con algo que ya no es viable, es como llevar el mundo entero en las manos. En ocasiones, cuando dejas ir algo que se descarrila, también se van otras cosas más pesadas.

El espíritu zen implica dejar ir las cosas por las que ya no merece la pena esforzarse. Muchas veces no necesitas agregar nada a la experiencia, como un nuevo maestro, una nueva comunidad u otro libro, sino que debes dejar ir lo que tienes pero que ya carece de vida. Suele ser mucho más difícil soltar que retener, y nos aferramos a las cosas porque creemos que tener es mucho más importante que perder.

Las cosas importantes y preciadas se avejentan y se rompen. La casa en la que has vivido tal vez ya no sea apropiada y significativa para ti, por lo que puedes dejarla ir y permitir que la vida siga. Tu forma de alimentarte quizás ya no resulte adecuada en una nueva etapa de tu vida: déjala atrás y prueba algo nuevo. La forma en que pasas tus vacaciones y tu tiempo libre podría mostrar sus limitaciones, así que sería el momento de intentar algo distinto. Déjalo atrás. No cargues más con ello. Intenta ver siempre el bambú pudriéndose.

Tus hábitos pueden reflejar algo mucho más significativo. Por ejemplo, es posible que realices ciertas cosas porque las hacía tu familia y las has visto desde niño. La repetición puede convertirse en un hábito profundo y pesado. Recuerda que Freud decía que algunas repeticiones señalan la muerte del instinto y no la vida. Cuando sientas la putrefacción de esas costumbres, podrás dejarlas ir y permitir que la vida fluya.

Quizás tengas ideas u opiniones arcaicas y desgastadas. Es hora de soltarlas. Las buenas ideas tienen vida, crecen y cambian. Si las llevas contigo durante demasiado tiempo es como cargar la luna a tus espaldas. Detecta si las ideas están pudriéndose y déjalas morir a su tiempo. Permite que se vayan. No tienes que esperar a que el fondo de sus cubetas ceda.

SABER QUE NO SABEMOS

Solo cuando olvidamos todo nuestro aprendizaje empezamos a saber. No me aproximo a ningún objeto natural mientras presumo que tengo una introducción a él por parte de algún hombre erudito. Para concebirlo con total capacidad de comprensión, debo abordarlo, por milésima vez, como si fuera algo absolutamente desconocido.[29]

HENRY DAVID THOREAU

Olvidar todo lo que has aprendido a lo largo de los años es una buena idea. Algunos conceptos son anticuados, otros incorrectos y algunos demasiado obvios y trillados. También necesitamos un nuevo enfoque hacia las cosas de interés para verlas como si fuera la primera vez, para analizarlas con «mente de principiante». Esta noción ayuda a que algo sea «desconocido».

Hace años, cuando siempre me rondaba la idea de que el conocimiento no es bueno, solía preguntarme si se trataba de

29. Thoreau, Hanry David, en *I to Myself: An Annotated Selection from the Journal of Henry D. Thoreau*, ed. Jeffrey S. Cramer, Yale University Press, New Haven (Connecticut), 2007, pág. 404.

un pensamiento antiintelectualista. Sin embargo, seguía encontrando dicha idea en los trabajos de pensadores brillantes a los que admiraba y sabía que amaban leer y estudiar tanto como yo. Entonces, ¿por qué tenían nociones tan negativas del conocimiento? El capítulo setenta y uno del *Tao Te Ching*, en palabras de David Hinton, dice:

Saber que no sabemos es ideal.
No saber que no sabemos es un infortunio. [30]

Analizaré lo que interpreto de esta traducción: si conoces la importancia de no saberlo todo o de no saber algo, estarás un paso adelante. Ya sabes lo más importante. En cambio, si no valoras la importancia de no saberlo todo, estarás en conflicto. Vivirás bajo el peligro de la ilusión de saber de qué se trata la vida y habrás eliminado los misterios, que tan importantes son. Estarás lleno de ego, convencido de que sabes de lo que hablas cuando, en realidad, no haces más que defenderte de tu propia ignorancia. El primer paso hacia la sabiduría es reconocer la ignorancia, la falta de saber.

Pensemos en el concepto «mente de principiante» del maestro zen Shunryu Suzuki. Siempre encontrarás un aspecto de la mente en el que eres principiante, quizás más de una vez. Entonces regresas al papel de estudiante y de novato, abierto a aprender, porque sabes que hay algo que desconoces. Esta es una actitud muy fructífera y puedes descubrirla en cualquier situación al reconocer y apreciar hasta dónde llega tu ignorancia sobre alguna materia. Lograrlo incluye, muchas veces, ciertos golpes al ego, lo cual siempre resulta algo positivo.

---

30. Lao Tzu, *Tao Te Ching*, trad. David Hinton, Counterpoint, Nueva York, 2000, pág. 81. [Hay trad. cast.: *Tao Te Ching*, Editorial Tecnos, 2004]

Cuando cultivas la falta de saber junto con el aprendizaje, también das lugar al misterio, a las partes de la vida profundas e inexplicables que generan asombro. Apreciar lo que no es posible conocer te mantendrá honesto y humilde. Supone la base de una actitud religiosa o espiritual y, al final, te hará más humano. Una persona verdaderamente sabia conoce la importancia de no saberlo todo.

Algunas veces me encuentro realizando una presentación o atendiendo una entrevista en la que sé que no tengo idea de lo que estoy hablando. En general, se debe a que el tema a tratar en cuestión es insondable. Por ejemplo, suelo hablar sobre el alma y, aun después de muchos años de estudio, no sé lo que es. Me piden que hable de Dios, pero, sin lugar a dudas, no sé nada al respecto.

El problema con algunos líderes y maestros no es que no sepan de lo que hablan, sino que ignoran que no saben de lo que hablan. Viven usando alegremente palabras que en realidad no comprenden, pero que creen comprender, o al menos hablan como si lo hicieran.

La solución es admitir nuestra ignorancia e intentar liberar nuestras mentes de ideas preconcebidas. Esa es la recomendación de Thoreau. Intenta olvidar lo que crees saber. No dependas de autoridades, simplemente debes estar presente en lo que sea que te preocupe. Por último, intenta llegar a la «comprensión total» y no solo a un conocimiento superficial.

Como suelo decir, el conocimiento desde el alma es más íntimo que el de la investigación y el estudio. Ambos son valiosos, pero Thoreau nos recuerda un enfoque que quizás hayamos pasado por alto: acercarse al objeto de estudio. En ocasiones, escucho a profesores dando discursos sobre psicoterapia y, sin embargo, nunca la han practicado. Yo llevo cuarenta años haciéndolo y percibo una grieta muy amplia en sus presentaciones. No quiero decir que siempre debamos experimentar algo antes de hablar al respecto. A veces, una buena distancia es algo útil. De todas formas, existe un vacío valioso en el hecho de olvidar la información y estar presente con el objeto de investigación.

EL TAZÓN PERDIDO

En China, un niño pequeño va con su madre y sus tías a un templo budista en las montañas, donde participa en un ritual y hace muchas preguntas sobre los monjes y las monjas. Un monje le regala un tazón azul tan preciado que el niño lo coloca junto a su almohada durante la última noche de visita.

A la mañana siguiente, se apresura para subir al bote que los llevará a casa a él y a su familia y, con las prisas, olvida el tazón. Una vez a bordo, descubre que se lo ha dejado y se niega a partir. Entonces, un trabajador corre colina arriba, con lo que retrasa la partida, y recupera el objeto. Luego, mientras el niño juega con el tazón, lo tira por la borda por accidente y ve cómo este se aleja flotando. Está molesto, pero su madre le dice que coma algo y deje de pensar en ello. «Estas cosas ocurrirán con frecuencia en el futuro».

Más tarde, cuando el niño ya es un hombre, dice: «Al mirar hacia atrás, creo que las palabras de mi madre fueron un mal presagio. Tal y como me dijo, esas cosas suceden con frecuencia en mi vida. Muchas cosas y personas mucho más valiosas que ese tazón se han perdido. Algunas se han roto. En aquel momento, solo mi niñez se desvaneció con el tazón flotante».[31]

MU XIN

---

31. Adaptado de: Mu Xin, *An Empty Room*, New Directions, Nueva York, 2011, págs. 7-13.

Toda la vida está llena de pérdidas, desde la muerte de un padre o de un abuelo hasta la disolución de un matrimonio o el fin de la buena salud. La aflicción por perder un tazón azul en esta historia nos recuerda que, a veces, la pérdida inspira emociones que no solo son dolorosas, sino que le dan valor a la vida. Desearía que mis padres siguieran aquí para tener conversaciones divertidas con ellos, pero extrañarlos me recuerda el valor de la vida y la importancia de estar disponible para mis amigos y familiares.

A veces, una historia simple y de apariencia insignificante como la pérdida de un tazón en una excursión infantil comprende y resume la vida al completo. Podemos reflexionar sobre las experiencias que vienen y van. Son como fractales, pequeños eventos que contienen los grandes secretos de la vida en formas minúsculas.

En un principio, el niño se empeña en recuperar el tazón y retrasa a muchas personas que ansían volver a casa. El tazón reaparece y luego se pierde flotando en el agua para siempre. Es una doble pérdida, un doble vacío.

Siempre nos esforzamos por aferrarnos a cosas que parecen importantes en el momento: un trabajo, una relación, un hogar, una idea... Luego las perdemos, armamos un escándalo por ello y, más tarde, descubrimos la clase de pérdida que fue en realidad y perdemos las mismas cosas preciadas una vez más.

Los griegos decían que el dios Hermes era un ladrón. Es el aspecto de la vida que quita. La vida no siempre da, sino que hace que perdamos cosas que parecen importantes. Si no perdiéramos nada, nunca avanzaríamos en la vida, que no es más que una serie de cambios, ganancias y pérdidas. La alegría de la presencia y el dolor de la ausencia son dos emociones que nos mantienen a flote. Hermes el ladrón, el que provoca el dolor de la pérdida, es un dios amable que ofrece una buena vida a los humanos.

Esta historia simple sobre un niño pequeño se asemeja a un rito iniciático: el niño debe aprender esta lección sobre la pérdida porque la aplicará con frecuencia en su vida adulta. La lección implica la pérdida de la inocencia, de la idea de que la vida siempre es positiva y generosa. No es así. Sufrimos perdidas difíciles de comprender y de tolerar. Deberás aprender esta lección básica en algún momento de la vida: no importa lo mucho que te esfuerces por mantener la pérdida fuera de tu vida, pues esta volverá a suceder. Llegarás a respetarla e incluso, en medio del dolor que genera, verás el lugar que ocupa en el panorama general de las cosas.

El tazón era azul. ¿Como el cielo? Allí es donde se encuentra el sol. Una antigua canción norteamericana dice: «Por favor, no me quites el sol» (*Please don't take my sunshine away*). John Updike escribió una historia conmovedora [32] acerca de un niño que pierde la inocencia en un carnaval, donde el hombre de un puesto lo estafa por unas cuantas monedas. Mientras el hombre engaña al niño inocente, esta canción suena de fondo. En nuestra historia, el pequeño pierde el tazón después de haberlo encontrado y ese azul, el del cielo puro, ya no está disponible para él. Debe crecer y perder la alegría de la inocencia infantil.

Sin embargo, los niños y las niñas que fuimos siguen habitando en nuestro interior y siempre perdemos un resquicio

---

32. Updike, John, «You Will Never Know, Dear, How Much I Love You», *The Early Stories: 1953-1975*, Random House, Nueva York, 2003, reimpresión 2004, págs. 3-6.

de inocencia. Siempre crecemos, siempre perdemos nuestros tazones azules o nuestros cielos y soles. Así es la vida, un ritmo de inocencia ingrávida y grandes pérdidas. La vida se vacía mucho más de lo que se llena.

NADIE A BORDO

Cuando era niño, mi abuelo solía llevarme los domingos a un pequeño lago en Michigan, donde subíamos a un bote de remos para pescar o tan solo disfrutar del agua. Únicamente nosotros dos. Un día, a mis cuatro años, llevamos el pequeño bote a un lago más grande, el lago St. Clair, al norte de Detroit, donde mis tíos tenían una casa costera.

Nos encontrábamos a unos cincuenta metros de la costa, en aguas profundas y agitadas, cuando comencé a sentir agua en las piernas. De pronto, el bote se volcó y, a poca distancia, divisé cojines, cestas y un bidón de gasolina flotando. Mientras me esforzaba por respirar, sentí que los brazos fuertes de mi abuelo me alzaban hasta la superficie del bote volcado. Allí perdí el conocimiento, pero antes alcancé a ver cómo mi tío saltaba al agua desde el muelle de su casa en un esfuerzo heroico por salvarnos.

Cuando desperté, estaba acostado en una cama desconocida que me pareció gigante. Era enorme y las mantas y sábanas estaban ajustadas sobre mis hombros. Escuché a alguien susurrar la palabra «entierro» y pensé que debía estar muerto. Pero no, quien se ahogó fue mi abuelo.

∞

Esta experiencia determinante me hizo aprender el significado del valor y del altruismo. En una sesión de terapia treinta años después, pude liberar mis lágrimas de gratitud y sentir la fuerza de ese acto de generosidad. También aprendí lo que significa ser padre y abuelo y lo que implica ser un «hombre de corazón». Nunca he criticado al hombre en general, como hacen muchos hoy en día, ya que he sido testigo de lo que este, en contacto con su masculinidad profunda y genuina, es capaz de hacer.

Aún hoy veo el bidón y los cojines flotando en el agua helada. Suelen reaparecer en mi memoria cuando intento nadar o remar en un bote pequeño. Aún siento la extraña superficie del bote volcado, hueco e inútil. Se suponía que nos iba a mantener a salvo mientras disfrutábamos de una tarde soleada de domingo en aguas tranquilas. Sin embargo, ese bote me enseñó una lección importante: que la vida está llena de amenazas y sombras, que debemos estar siempre alertas, preparados para un giro de la fortuna y una desaparición repentina de la belleza y la protección del mundo natural.

En muchas culturas, los jóvenes atraviesan rituales que los ayudan a crecer y a aprender las lecciones más duras de la vida. Por ejemplo, son enterrados bajo una pila de hojas o en un hueco en la tierra durante un día o dos a fin de comprender la realidad de la muerte y la doble moral de la naturaleza: es capaz de sustentarte y a su vez de matarte.

No me ha hecho falta ningún ritual de entierro para familiarizarme con la muerte. El bote vacío en el lago agitado me transformó, al menos en parte, y pasé de ser un niño demasiado confiado a un joven más realista. El lago insondable, con su corazón frío, me convirtió en un joven adulto. A fin de cuentas, lo primero que sentí fue el frío invadiendo mis tobillos y piernas. Se presentó con su frialdad, en contraste con la calidez de mi familia, en especial de mi abuelo amoroso.

Al pensar en ese día triste y memorable, me pregunto si mi abuelo estaba preparado para el momento en que tuviera que dar la vida por el niño a su cuidado. Imagino estar listo para una situación así en mi propia vida y, con la edad, admiro cada vez más el valor, que es muy fácil de nombrar, pero muy difícil de invocar cuando es necesario.

El amor verdadero no es muy emocional ni sentimental, sino frío como las aguas de la naturaleza y las exigencias del destino. También es amor familiar, de un abuelo. Tenemos que aprender la difícil lección de que todos los seres humanos somos familia, y todos deberíamos estar preparados para dar la vida por otro, para vaciarnos por el bien de las generaciones más jóvenes que ocuparán nuestro lugar.

EL SUTRA DEL CORAZÓN

Quan Yin
se encontraba inmersa en la búsqueda de la sabiduría
cuando aprendió que los cinco *skandhas*
(experiencia física, sensación, percepción, pensamiento
y consciencia) están vacíos.
Entonces, se alivió de sufrimientos y de ansiedad.

Querido Shariputra,
lo que practicas está vacío
porque la percepción en sí es vacía.
Ser visible es ser vacío,
porque la visión es vacía.
Lo mismo ocurre con
la sensación, la percepción
las impresiones y la consciencia.

Querido Shariputra,
todos los objetos y lo visible tiene la cualidad
de vacío.
No son visibles ni invisibles,
puros o impuros,
no crecen ni decrecen.
En el vacío no existe

comprender lo visible
ni sentir, percibir, tener impresiones o consciencia.

No hay ojos, orejas, lengua, cuerpo o mente;
no hay imágenes, sonidos, olores, sabores, nada que tocar o
pensar;
no hay ignorancia ni fin de la ignorancia;
no hay envejecimiento ni muerte;
tampoco fin del envejecimiento ni de la muerte;
no existe sufrimiento, causa, terminación o camino;
no hay sabiduría ni meta.
Ya que no hay sitio al que llegar,
el *bodhisattva* confía en el *prajna-paramita*,
o en la perfección de la sabiduría.
Su pensamiento está libre de bloqueos.
Al no tener bloqueos,
no siente temor.
Al ser libre de ilusiones confusas,
alcanza el estado de nirvana.

Todos los budas del pasado, presente y futuro,
a través del *prajna-paramita*,
han alcanzado la iluminación completa.
Ahora comprende: venera al *prajna-paramita*
el maravilloso mantra trascendental,
el mantra supremo,
el mantra perfecto
capaz de eliminar el sufrimiento.
Prajna-paramita es real, no es una ilusión.
Recita el mantra
que dice:

«Más allá, ausente
más allá,
realmente ausente.

Sabiduría suprema.
¡Que así sea!» [33]

El Sutra del corazón nos lleva a la esencia del vacío. Este pasaje ilustra un modo de vida basado en principios muy diferentes a los modernos, una forma de existencia en la que el vacío, con sus diversas apariencias, brinda color a todo lo que hacemos. Estos principios le sonarán extraños a cualquier persona moderna, habituada a sumar a la vida, pero no a restar. No tienen mucho sentido en un mundo literal, práctico y ordinario, en el que nadie quiere vivir sin entendimiento.

Vivir «sin entendimiento» no significa no intentar comprender las actividades diarias, tales como pagar las facturas, sino que existen ciertas cosas, las verdades más trascendentales, que nunca podremos comprender plenamente. Tarde o temprano, debemos enfrentarnos a lo imponderable.

En los aspectos más relevantes, no querrás aferrarte a ningún sistema de aprendizaje o comunidad. Debes encontrar una forma «vacía» de aprender, buscando comunidad y desarrollando una filosofía de vida.

La palabra «vacío» colma al Sutra del corazón, de modo que, al final, el principio de no aferrarse a nada se vacía a sí mismo. No se asemeja a nada, sino que hace que el vacío sea

---

33. Versión del autor del Sutra del corazón, basada en la lectura de numerosas traducciones y estudio de cada palabra.

absoluto al tiempo que insiste en que no existen absolutos. El vacío palpita tantas veces en el Sutra del corazón que elimina cualquier apego y no deja nada a lo que aferrarse con fuerza. Al final, todo desaparece por completo. Queda la nada que has alcanzado con mucho esfuerzo y atención.

«Vacío» significa muchas cosas para el Sutra del corazón: no apegarse, no tomar las cosas de forma literal, no tener creencias rígidas, no guiarse por devoción a una idea, no predicar, no apegarse a un maestro o enseñanza, vivir en una espiral de cambio, no progresar o dejar de progresar. Puedes seguir este camino a tu manera, con tu propia lista, pues todos estamos vacíos a nuestro propio modo.

Pero la clave es la siguiente: vacío no es lo mismo que cerrado. No es un problema ni implica dolor. No se trata de una pérdida desgarradora, sino de una oportunidad singular de estar presente al completo y, por tanto, de estar disponible. Forma parte de una paradoja en la que plenitud y vacío se complementan. Si no te apegas a nada, la vida abrirá de pronto todas sus posibilidades. Aunque sigas una filosofía de vida o psicología persuasivas, mantenlas vacías, no les entregues todo de ti; que no se conviertan en una ideología, pues esta se volvería demasiado pesada y rígida.

El Sutra del corazón extiende un manto de vacío sobre todas las experiencias. Todo está vacío, sin excepciones. Las creencias, los apegos, el orgullo, las pertenencias, los sentimientos de virtuosismo y de tener razón, las acciones cargadas de valor. Todo debe estar vacío para que el ego no se infiltre y arruine de algún modo tus esfuerzos, ya que, en formas con frecuencia indetectables, estos pueden llegar a ser neuróticos.

Para ser eficientes, las ideas y comportamientos deben estar libres del ego, de las más mínimas necesidades narcisistas o hábitos infantiles que surgen del miedo al fracaso o de la necesidad de aparentar perfección. Tomar consciencia de la propia imperfección te mantendrá honesto y emocionalmente claro. Podrás cometer errores y saber que siempre tendrás algo más que aprender.

El Sutra del corazón le habla a la esencia del ser humano y por esa razón es recitado y escrito a diario en todo el mundo. Sería bueno que la sociedad occidental moderna adoptara esta práctica y aprendiera a escribir, recitar, representar el Sutra con dibujos o a incluirlo en la poesía personal. La tradición dice que requiere atención y trabajo para que influya en la vida diaria.

EL DIOS AUSENTE

Dios nos hace saber que debemos vivir como quienes son capaces de vivir sin Él. El Dios que nos acompaña es el que nos ha desamparado (Marcos 15, 34). El Dios que nos permite vivir en el mundo sin la hipótesis aplicada de Dios es el Dios frente al que vivimos. Ante Dios y con Él vivimos sin Dios.[34]

DIETRICH BONHOEFFER

Cuando Hitler asumió el poder, Dietrich Bonhoeffer era un pastor cristiano que estudiaba y enseñaba en el Union Theological Seminary (Seminario Teológico Unión) de Nueva York. En 1939, cuando la situación se volvió más tensa, regresó a Alemania, donde participó en un complot para asesinar a Hitler. Pero los conspiradores fueron descubiertos y condenados a muerte. Bonhoeffer pasó dos años en prisión hasta su ejecución.

Mientras estaba en prisión, desarrolló a través de sus cartas sus ideas teológicas sobre ética, así como un enfoque

---

34. Bonhoeffer, Dietrich, «Letter to Eberhard Bethge, July 16, 1944», *Letters and Papers from Prison*, ed. Eberhard Bethge, Collier Books, Nueva York, 1972, pág. 360.

mundial de la vida espiritual. El fragmento citado es uno de los numerosos ejemplos de su trabajo. En una ocasión, afirmó sentirse incómodo cuando la gente a su alrededor hablaba de «Dios», pues sabía que no tenían el mismo concepto que él de la palabra.

Si existe una palabra que debe estar vacía, esa es «Dios». Para preservar el misticismo de lo divino, para mantenerlo sagrado, inefable y desconocido, la palabra no puede ser usada de forma indiscriminada. De hecho, cuanto más fuerte y frecuente sea su uso, mayor será la pérdida de su capacidad de denotar lo infinito y asombroso. Las numerosas tradiciones que prohíben el uso de la palabra «Dios» tienen buenos fundamentos: al usarla, esta pierde el poder de evocar lo infinito y conduce a la idolatría y a la blasfemia. La forma bella y cuidadosa en la que Bonhoeffer presenta a Dios conserva el asombro religioso y la devoción sin convertir a Dios en un superhumano ni antropomorfizarlo. Él se encuentra más allá de nuestra concepción y control, de modo que es absolutamente inapropiado decir «Dios» con familiaridad.

Bonhoeffer también nos presenta una paradoja: «Ante Dios y con Dios, vivimos sin Dios». «Dios» es una fuerza aniquiladora que, en lugar de brindarnos una representación de lo divino, elimina cualquier definición de Dios sólida, cierta y controlable. Así, la palabra cumple un propósito diferente e inusual: disipar cualquier certeza que tengamos o esperemos obtener de un nombre. En lugar de brindar certeza, ofrece vacío.

Imagina aprender a usar la palabra «Dios» como una clase de vacío para nombrar algo que está presente, pero no de forma física. Bonhoeffer nos insta a volver a un mundo que se completa a sí mismo, sin necesidad de una realidad más allá de él, pero sin caer en el secularismo o la creencia de que

Dios no existe. El secularismo es paralizante, no tiene salida. Necesitamos a Dios, pero Él debe permanecer en los silencios entre palabras y en los momentos en los que no encontramos el término correcto. Bonhoeffer quiere ambos extremos: Dios y no Dios. Cuanto más intentas explicarlo, más enrevesado se vuelve el proceso. Sin embargo, se trata de una idea importante: no podemos vivir en un universo cerrado, pero a su vez no podemos vivir en un universo en el que Dios está presente. La única forma de hacer ambas cosas es vivir en esta paradoja de paradojas, en esta «verdad» vacía.

IGNORANCIA SAGRADA

Seguí sin éxito los caminos de diversas enseñanzas para llegar hasta aquí, hasta que cierto día, mientras me encontraba en alta mar de regreso de Grecia, tuve una revelación a través de, como yo diría, la generosidad inconmensurable del padre de las luces, de quien llegan siempre los mejores dones. Me sentí abrumado por la sabiduría incomprensible de la ignorancia educada y tuve que ir más allá de las verdades eternas comprendidas en las costumbres humanas. Ahora que le he puesto palabras a esta idea, también cierta, en dos libros (*Acerca de la docta ignorancia* y *De las conjeturas*), puedo darle foco y expandirla. [35]

NICOLÁS DE CUSA

Nicolás de Cusa (1401-1464) fue el James Joyce de los teólogos, siempre en constante creación de términos nuevos y de imágenes alucinantes. En la cita previa, escribe acerca de la «sabiduría incomprensible». ¿De eso se trata, de saber sin comprender? *La docta ignorancia*, que conforma el título de

---

35. Adaptado de: Moffitt Watts, Pauline, *Nicolaus Cusanus: A Fifteenth-Century Vision of a Man*, E. J. Brill, Leiden, 1982, pág. 33.

uno de sus trabajos más célebres, es un oxímoron en sí mismo, dos palabras que se niegan una a otra. En latín, en una de sus obras, combina *posse*, «es posible», con *est*, «es». *Possest* significa que algo es posible y que es a la vez.

En *De las conjeturas*, Nicolás de Cusa ofrece una solución temporal a un problema, que podría o no ser correcta y efectiva. La mayoría de sus palabras clave tienen ese timbre de vacío, que es lo que les otorga su valor y belleza. Presentan una idea y luego la niegan. Incrementan la ignorancia, que es lo él que intentaba hacer como maestro.

El teólogo valoraba la *sacra ignorantia*, la ignorancia sagrada, una mente vacía, tal vez, sin pensamientos, sin intelectualizarlo todo, sin definiciones o explicaciones para todas las cosas. Se trata, en definitiva, de experimentar el mundo sin intentar descifrarlo, dejando que se presente y estando presente en él, de vaciarse perdiéndose en la infinidad del cosmos o permitiendo que la infinidad se cuele en la contemplación.

Nicolás sostenía que pensar que comprendemos la base infinita de las cosas es como mirar un polígono, compuesto por líneas y ángulos, desde la distancia y percibirlo como un círculo. De cerca, vemos líneas rectas y ángulos, pero a pesar de no tener curvas, provoca la ilusión de ser un círculo perfecto. Yo solía dibujar estas formas cuando estudiaba en el instituto. Pensarás haber visto el infinito y conocerlo, decía Nicolás, pero tu conocimiento es una ilusión que dista de ser perfecta. Quizás tengas la suerte de descubrir tu ignorancia, lo cual sería un buen avance.

En sus enseñanzas, también afirmaba que todos debemos conocer el área y la extensión de nuestra ignorancia. No se trata de algo cultural ni de un problema de la humanidad, sino de que cada uno de nosotros tiene su propia clase de ignorancia y descubrir cuál es podría ser el objetivo de nuestras vidas. Quizás se trate de una absoluta falta de comprensión de la posible existencia de una presencia o inteligencia infinita en el cosmos o, en un sentido similar, de lo que ocurre después de la muerte.

Vivir en el mundo mecánico y sin alma que defiende la ciencia materialista no es una buena opción, pero aun así se trata de una creencia muy popular hoy en día. ¿Las personas no perciben los numerosos misterios que colman la vida contemporánea, las preguntas sin respuesta, los sucesos inexplicables de la existencia? ¿Acaso no conocen a los intelectuales del pasado que experimentaron sucesos extraños y misteriosos? ¿Hay certezas de que no hay vida después de la muerte? ¿Los millones de personas que han confiado en una vida después de la muerte se han equivocado?

He estado en alguna especie de escuela durante setenta y cinco años de mi vida y, a mi edad, estoy aprendiendo a ser ignorante.

SIN POSESIONES

Un día, Abu Muhammad fue a visitar a su amigo y maestro sufí Abu Sa'id a la casa de baños.

—¿Te gusta este lugar? —preguntó el sheikh.

—Sí, me gusta mucho —respondió Abu Muhammad.

—¿Por qué?

—Porque estás aquí.

—No, dime la verdadera razón.

—Porque aquí solo se necesita un jarro para verter agua sobre el cuerpo y una toalla para secarse, y ambas cosas pertenecen a la casa de baños.[36]

MOJDEH BAYAT Y MOHAMMAD ALI JAMNIA

Viví desde los trece hasta los veintiséis años en la orden católica de los Servitas, bajo votos de castidad, pobreza y obediencia, una vida de seriedad, devoción y felicidad. La castidad, tal y como yo la entendía, no implicaba renunciar

---

36. Adaptado de: Bayat, Mojdeh y Jamnia, Mohammad Ali, «Anecdotes of Abu Sa'id», *Tales from the Land of the Sufis*, Shambhala, Boston, 1994, reimpresión 2001, pág. 42.

a la sexualidad ni reprimirla, sino no llevar una vida sexual activa ni tener una relación emocional especial con otra persona. Este voto, al igual que el resto, servía al espíritu de comunidad. La obediencia significaba hacer lo que las autoridades creyeran mejor para la comunidad, prestar atención a las necesidades comunes y renunciar a las propias. La pobreza no implicaba vivir sin necesidades, sino moderar las pertenencias y la extravagancia. Mis compañeros y yo compartíamos incluso nuestros objetos personales.

No poseer el jarro de agua ni la toalla en la casa de baños hubiera sido característico en mi comunidad, una actitud que brindaba liviandad y libertad del ego, al igual que una sensación de comunidad. A través de la experiencia de la vida diaria, he aprendido que vaciar la vida de posesiones y de posesividad puede ser liberador. Hubo momentos en los que deseé tener una radio o una máquina de escribir (fue previo a los ordenadores), pero el voto no hubiera tenido mucho sentido sin la percepción ocasional de nuestra clase de pobreza.

Creo que aquellos votos que me enseñaron a vivir en comunidad aún me acompañan como padre y esposo. Me llena de felicidad compartir las posesiones de mi familia y, con frecuencia, prefiero que mis hijos o mi esposa disfruten de algo nuevo que poseerlo yo mismo. Recuerdo mi voto de pobreza casi a diario.

Pero la familia no es el único ámbito en el que es posible aplicar el espíritu de pobreza. En general, puedes dejar de ver las posesiones como medida de éxito o felicidad. Puedes reducir la extravagancia, arreglártelas con elementos más simples en tu hogar o ser más selectivo con las cosas que llenan tu vida. William Morris, idealista y reformista, decía que debemos deshacernos de cualquier posesión que no sea hermosa. Ese es un modo de simplificar.

El imaginativo crítico social Ivan Illich defendía la existencia de «bienes comunales»: tierras, edificios y objetos para
uso comunitario, como parques y transportes. No se trata de
comunismo, el cual es extremo y absoluto, sino de una forma
humana y moderada de compartir ciertos recursos por el
bien común.

Por experiencia, sé que reducir la elegancia y la extravagancia contribuye a una vida significativa y placentera, una
clase de vacío que la hace más enriquecedora y disfrutable.
Presenta una alternativa al anhelo compulsivo de posesiones,
objetos y dispositivos electrónicos como distracción.

Recomiendo a todos hacer votos de pobreza, al menos
para reducir los antojos y tener una vida más simple. Puedes
hacerlo incluso con ingresos altos o moderados, siendo más
generoso con el dinero y el tiempo o dedicando menos atención a obtener posesiones personales. Esto beneficiaría a tu
espíritu y a tu alma. Es como darte un baño, no solo para
limpiar el cuerpo y relajarte, sino para estar saludable al tiempo que no posees nada de lo necesario para bañarte.

MUCHOS ZAPATOS, NINGÚN PIE

Durante la Segunda Guerra Mundial, en Budapest, Hungría, una milicia fascista perteneciente al Partido de la Cruz Flechada masacró a miles de personas, muchas de ellas judías, a lo largo de río Danubio. Ordenaron a la gente quitarse los zapatos y entrar al río para dispararles allí y que las aguas se llevaran los cuerpos. Líderes suecos y españoles protegieron a algunas personas en riesgo, y más tarde fueron honrados por sus valerosos actos. Raoul Wallenberg, en particular, fue condecorado por haber ayudado a muchas personas a escapar de campos de concentración. En el año 2005, el cineasta Can Togay y la artista Gyula Pauer crearon un monumento conmemorativo colocando seis pares de zapatos vacíos hechos de hierro en el dique del Danubio.

Hay algo en los pies que delata la fragilidad de la condición humana, debilidad que deriva en sensibilidad por la promesa de la humanidad y la posible contribución de cada persona. Al profundizar en las atrocidades fascistas cometidas a orillas del Danubio, nos abruma el potencial humano para la crueldad.

Lo que desde fuera parece el vacío moral de un movimiento oscuro de la historia, en realidad revela la ausencia del vacío que generaría virtud y amabilidad. Quienes perpetraron actos de tan enorme violencia estaban llenos de ilusiones neuróticas, un complejo de grandiosidad y planes de proporciones descomunales que los volvieron peligrosos. Los zapatos vacíos indican la ausencia de humanidad, que fue reemplazada por dogmas rígidos, inmóviles y arraigados.

Al ver aquellos zapatos, imaginamos las vidas perdidas y sentimos el sufrimiento infinito de quienes fueron tratados sin dignidad ni valoración. También podemos pensar en personas cercanas que han fallecido sin el sufrimiento de las víctimas del Danubio, pero que han partido de todas formas. Recuerdo observar el armario de mi madre después de su muerte y detenerme en los zapatos vacíos que ya nunca llenaría.

Los zapatos son objetos mundanos y de apariencia intrascendente, por lo que solemos pasarlos por alto y darlos por sentado. Aun así, revelan el carácter de forma comparable a un rostro arrugado. Por ejemplo, la pintura de Van Gogh de sus zapatos andrajosos nos remite de inmediato a las dificultades de su vida. Lo mismo sucede con la costumbre de algunos seguidores de Jesús de representar las huellas de sus pies en el suelo después de que ascendiera a los cielos. En una ocasión, durante una cena en un convento de monjas, el postre fue una torta con las huellas de Jesús en la cobertura.

Cuando te pongas los zapatos por la mañana y te los quites por la noche, puedes recordar la atrocidades ocurridas en el Danubio y dedicarte a mejorar la moralidad humana. Me refiero a la moralidad, no al moralismo. Los moralistas no son personas sensibles. Piensan que todos deben ser iguales a ellos y compartir sus valores. Creen saberlo todo y, como los nazis, pretenden limpiar el mundo eliminando cualquier raza o nacionalidad que no les guste. Piensa en todas las personas que han «desaparecido» a lo largo de la historia porque, por motivos superficiales, le desagradaban a alguien. Los zapatos vacíos son una oportunidad para renovar nuestra dedicación a una humanidad libre.

SIN SOPA EN EL CUENCO

Érase una vez, una familia de osos que vivía en el bosque: mamá oso, papá oso y bebé oso. Cada uno tenía un cuenco para la sopa, una silla donde sentarse y una cama donde dormir, y cada cuenco, silla y mesa eran del tamaño adecuado para cada oso. Un día, después de preparar la sopa para almorzar y llenar sus tazones, los tres osos salieron a dar un paseo mientras la comida se enfriaba. La familia de peludos era muy civilizada.

Mientras los osos estaban fuera, una niña vecina llamada Ricitos de Oro espió por su ventana al pasar. Era una pequeña un poco malcriada. Luego entró a la casa, vio la sopa servida y decidió probarla. Comenzó por la de papá oso y dijo: «Esta sopa está muy caliente». Siguió por la de mamá oso: «Esta sopa está muy fría». Por último, probó la de bebé oso y concluyó: «Esta está perfecta», y vació todo el cuenco.

Poco después, como estaba muy cansada de tanto caminar, Ricitos de Oro decidió sentarse a descansar. Primero se sentó en la silla de papá oso y dijo: «Esta silla es demasiado alta». En la silla de mamá oso dijo: «Esta silla es demasiado grande». Por último, se sentó en la silla de bebé oso y afirmó: «Esta es perfecta». Pero, de pronto, la silla se rompió.

Entonces pensó en recostarse un momento. Primero se recostó en la cama de papá oso. «Esta cama es demasiado dura», dijo. Luego probó la de mamá oso y opinó: «Esta cama es demasiado suave». Por último, se recostó en la de bebé oso. «Esta es perfecta», dijo, y enseguida se durmió.

Finalmente, los osos volvieron de su paseo para comer. «Alguien ha probado mi sopa», dijo papá oso. «Alguien ha probado mi sopa», añadió mamá oso. «Alguien ha probado mi sopa y se la ha comido toda», concluyó bebé oso.

«Alguien se ha sentado en mi silla», observó papá oso. «Alguien se ha sentado en mi silla», agregó mamá oso. «Alguien se ha sentado en mi silla y la ha roto», dijo bebé oso.

«Alguien ha dormido en mi cama», dijo papá oso. «Alguien ha dormido en mi cama», repitió mamá oso. «¡Alguien está durmiendo en mi cama!», exclamó bebé oso. Los gritos despertaron a Ricitos de Oro y, al ver a los tres osos frente a ella, trepó por la ventana y salió corriendo.

Detengámonos en el cuenco vacío: Ricitos de Oro se comió toda la sopa y dejó a bebé oso sin nada para almorzar. Para analizar el significado de esta historia quizás sería útil tener en cuenta que, en sus primeras versiones, la intrusa no era una niña de cabellos dorados, sino un zorro; más específicamente, una zorra. No era una pequeña inocente que pasaba por allí. Quizás Ricitos de Oro, con su apariencia angelical, nos indica que debemos tener cuidado frente a jovencitas que parecen inofensivas, pues podrían ocultar sombras debajo de sus cabellos radiantes. O, en un sentido menos literal y en términos de Jung, Ricitos de Oro es una imagen del alma, una figura que altera la perfección de la familia y arruina un buen día, aunque, de todos modos, sus acciones tienen un resultado noble.

En este caso, el cuenco vacío demuestra que la vida se ha interpuesto en los agradables planes de una familia ideal y que el miembro más pequeño pierde cosas que necesita: comida, una silla y una cama, elementos que representan el hogar y el confort. Los osos están molestos porque alguien ha usado sus cosas, como si un zorro hubiera entrado en el gallinero.

La paz familiar no suele durar para siempre y rara vez es perfecta, pues algo o alguien aparece para perturbar el bienestar inusual. Como terapeuta, con frecuencia les pido a mis pacientes que me cuenten historias de su infancia y, en general, aparecen elementos que destruyen la imagen de felicidad absoluta. En mi caso, he compartido cómo la muerte irrumpió en un hermoso día de sol. Otras personas han narrado historias en las que sus padres han tenido ataques de furia o que han antepuesto a sus hermanos o hermanas.

En otra historia personal, a mis trece años me invadió el deseo intenso de abandonar mi hogar para unirme a un monasterio con la idea de convertirme en sacerdote. Aunque fue una idea fantástica, me alejó del calor y el amor de mi familia a muy temprana edad para llevar una vida exigente y de frialdad emocional durante otros trece años, hasta que fue demasiado tarde para disfrutar de la juventud con mi familia. Pese a gozar de mi tiempo como monje, la perfección familiar quedó arruinada por algo que parecía estar lleno de luz. Me he convertido en adulto, pero desde entonces experimento la sensación del cuenco vacío con la hermosa familia que dejé atrás al perseguir un ideal pasajero y dorado. Quizás abandonar la luz de una buena familia forme parte del crecimiento para integrarnos en un mundo más grande. Mi intruso (vida, ánima, alma) arruinó la perfección de la vida infantil, pero también me ofreció mi fortuna y destino. Aunque quizás fuese un cambio necesario, fue y sigue siendo doloroso. Aún soy capaz de llorar por eso como el pequeño bebé oso.

En el popular libro *Psicoanálisis de los cuentos de hadas*, el psicoanalista Bruno Bettelheim analiza el final del cuento, en el que Ricitos de Oro salta por la ventana. Allí no hay resolución ni crecimiento. En cambio, al enfocarme en el cuenco vacío, percibo un cambio psicológico en la historia. El cuenco representa una amenaza para la vida serena que bebé oso tiene con su familia, la cual le brinda todo lo necesario. La aparición de Ricitos de Oro, una niña linda que irrumpe en la casa, cambia las cosas para el oso bebé que vive en todos nosotros. Esta historia se repite una y otra vez en nuestras vidas y nos ofrece la oportunidad de seguir adelante y adentrarnos de manera más profunda y dolorosa en nuestro destino. El cuenco vacío nos impulsa hacia la vida adulta.

En mis años como terapeuta, me ha resultado útil que las personas cuenten historias de intrusos en su vida temprana, de eventos que han alterado sus paraísos infantiles o de padres que se han guiado por sus propias carencias a costa de los hijos. Con frecuencia, la persona «dorada», un ser amado y deseado, es quien arruina la inocencia y da paso a la madurez.

El hogar familiar es un lugar sagrado donde los niños necesitan protección, seguridad, comodidad y felicidad. Debemos comenzar por aquí si queremos un mundo pacífico. Sin embargo, muchos padres no son conscientes de su rol esencial ni saben cómo ofrecer bases sólidas a sus hijos. Al parecer, la crianza no es una habilidad natural, en especial para quien ha tenido malas experiencias con sus propios padres, que son la mayoría de las personas. Eso no significa que todos los padres se equivoquen, pero incluso un pequeño desvío de la paz emocional puede provocar alteraciones en los niños, que arrastrarán ese malestar el resto de sus vidas.

Se necesita mucha más educación, terapia y guía para padres a fin de que estos sepan acompañar a los niños en las etapas de desafíos emocionales y en las experiencias que alteran a los niños y confunden a los padres. Algún día podría aparecer una persona «dorada» joven e inocente que trastoque la vida familiar. Es inevitable, y es tarea de padres comprometidos aprender a lidiar con eventos inesperados.

OBTENER NADA POR NADA

Escucha con atención: aquello que des te será otorgado, y aún más. Si tienes, recibirás más. Si nada posees, todo lo perderás.

El reino de Dios es como si una persona esparciera semillas por la tierra y, noche y día, esté dormido o despierto, las semillas brotaran y crecieran. Quizás no entienda cómo sucede. El suelo crea granos por sí solo; primero el tallo, luego el brote y por último el grano. Cuando el grano está listo, se aproxima con su guadaña, pues ha llegado la hora de la cosecha.

¿Cómo es el reino de Dios? ¿A qué es comparable? El reino de Dios es como un grano de mostaza, la más pequeña de todas las semillas. Una vez sembrado, crece hasta convertirse en la más grande de las plantas, con enormes ramas donde las aves construyen nidos bajo su sombra. [37]

EVANGELIO DE MARCOS

La primavera pasada, mi esposa plantó semillas de tomate. En general, solemos obtener plantas jóvenes de unos cincuenta

---

37. Moore, Thomas, *Evangelio de Marcos*, trad. Thomas Moore, Skylight Paths, Nashville, 2017, pág. 23.

centímetros de alto. Con el discurrir de los días, ella insistía en que mirara los brotes y, a finales de verano, teníamos plantas llenas de tomates rojos en todo el invernadero.

Jesús usó la imagen de una semilla para describir su reino y la clase de vida que predicaba. Visualizo tal reino como una población nueva dedicada al amor y a la comunidad, libre de narcisismo y egoísmo y volcada en sanar el planeta y a todas las criaturas que en él habitan. A pesar de ser pequeña, la idea de amor comunitario podría transformar el mundo por completo. Se trata de una semilla minúscula, aunque con posibilidad de expandirse. Al final del relato, Jesús menciona un grano de mostaza, algo diminuto, pero capaz de crecer lo suficiente para albergar a una bandada de aves.

A mitad del relato, Jesús dice algo difícil de comprender: aquellos que tengan algo en sus vidas, recibirán mucho más. Aquellos que no posean nada, todo lo perderán. Pero ¿cómo puedes perderlo todo si no tienes nada?

John Crossan, experto en el Nuevo Testamento, cita al poeta zen Basho al analizar este pasaje misterioso: «Si tienes algo, te lo daré. Si no tienes nada, te lo quitaré»[38]. Crossan detalla que Jesús usa su lenguaje más radical para revelarnos que el reino de Dios desmorona al mundo tal y como lo conocemos. Aunque nada tengas, todo te será quitado. Sus palabras extremas nos recuerdan al final de Sutra del corazón, «ausente/realmente ausente». Tan vacío como sea posible. Incluso la nada debe vaciarse, pues podríamos sentirnos tentados a esperar demasiado de la idea de vacío. El objetivo final es vaciar tu vacío.

---

38. Crossan, John Dominic, *In Parables*, Polebridge Press, Sonoma (California), 1973, reimpresión 1992, pág, 75.

Jesús brinda esperanzas y promesas, pero también nos las quita. Quizás por eso sus enseñanzas no han sido aceptadas y seguidas en su totalidad. Muchas personas dicen: «Esta enseñanza es importante para mí, pero no hace falta llegar a extremos. Si amara a todos los seres humanos, ¿cómo podría hacer negocios? Es una idea ingenua».

La palabra «sabiduría» no se aplica al reino de Jesús, pues genera una presión neurótica y ególatra sobre el compromiso radical con el amor. Para vaciarse, las creencias religiosas no deben ser condicionadas por preocupaciones prácticas o económicas.

Por otra parte, tener poco puede estar ligado a su propio sentido de orgullo: «Para ti es fácil, pero yo debo esforzarme. Trabajo por todo lo que tengo». Quizás lo que Jesús dice es: «En mi reino, en esta nueva forma de vivir, ya no podrás disfrutar de tu vacío neurótico. Incluso eso te será arrebatado».

Jesús redefine la identidad: no te conviertes en alguien a expensas de otra persona. Ser alguien es un proceso de vaciamiento, no lo opuesto. Tan solo podrás descubrirte a ti mismo si te pierdes. Llenar la identidad, reforzarla, asegurarla, se aleja de la filosofía íntegra de amar al prójimo sin importar quién sea.

Emily Dickinson escribió: «Yo soy nadie. ¿Tú quién eres?»[39]. Es una pregunta excelente. ¿Te defines por lo que eres, lo que tienes o lo que has logrado? ¿O descubres quién eres en realidad cuando sufres una pérdida?

Recuerda mantener vacías incluso tus pérdidas. No las glorifiques. No «compres» nada con ellas, no busques compasión

---

39. Dickinson, Emily, *The Complete Poems of Emily Dickinson*, ed. Thomas H. Johnson, Little Brown, Boston, 1960, pág. 133.

en los demás, tratos de favor o recompensas. Si eso te vacía, mantén vacío ese vacío. No lo arruines queriendo convertirlo en algo.

LA MENTE DE MURPHY

Por desgracia, hemos llegado a un punto en esta historia en el que debemos intentar explicar la expresión «la mente de Murphy»... La mente de Murphy se presenta como una esfera hueca, cerrada herméticamente al universo exterior. No se trataba de empobrecimiento, ya que no dejaba fuera nada que no contuviera en sí misma. No existe, existió o existirá nada en el universo exterior que no esté presente en el interior como potencial, real, o bien potencial convirtiéndose en real o real devenido en potencial. [40]

SAMUEL BECKETT

A sus treinta y dos años, Samuel Beckett, escritor irlandés de obras, poemas y novelas de vanguardia, publicó *Murphy*, una novela divertida, filosófica y brillante. En ella, describe la mente de Murphy como una esfera hueca y la vida como una sucesión de intentos de liberarse de la carga de la normalidad. Murphy se ata a sí mismo a su mecedora, lo cual es una metáfora de las restricciones que sentimos cuando intentamos

---

40. Beckett, Samuel, *Murphy*, Groove Press, Nueva York, 1957, pág. 107.

vivir con libertad. Pero el personaje también desea liberarse de hacer cualquier cosa o de ir a cualquier sitio, por lo que disfruta de estar limitado a su mecedora. Finalmente, muere por accidente por una explosión de gas en el apartamento y, en su testamento, manifiesta su deseo de que coloquen sus cenizas en una bolsa de papel y las arrojen por el retrete durante una obra en el Teatro Abbey. El personaje de Murphy es lo opuesto a una persona moderna, ambiciosa y que busca la vida.

Requiere de una sensibilidad especial, como la de Murphy, apreciar el humor y la ironía de la historia, ya que Beckett representa al hombre común como una persona no muy inteligente. Murphy sigue la tradición de los personajes Laurel y Hardy, Charles Chaplin y Buster Keaton, quienes representaban a la humanidad, propensa a fracasos y caídas, con mentes vacías. De hecho, Beckett eligió a Buster Keaton como protagonista de su única película, que tituló simplemente *Película*. El objetivo del personaje es evitar ser visto, lo contrario a la máxima filosófica «ser es ser visto» o «ser visto es ser». Keaton se esfuerza por eludir todo lo que tenga alguna semejanza con un par de ojos. Se resiste a formar parte de este mundo y a ser visto o comprometido con nada. El humano común, que somos todos nosotros en los numerosos momentos en que estamos sujetos a nuestros apetitos y temores, es como Murphy, con una esfera vacía como mente y una vida que oscila entre la realidad y la virtualidad. La vida es una comedia por el hecho de que sobrevivimos y, a veces, tenemos éxito a pesar de ignorar lo que hacemos y para qué estamos aquí.

Esta ignorancia básica es similar a la «ignorancia sagrada» que hemos visto con Nicolás de Cusa. Se trata de la segunda clase de mente vacía, una versión positiva que conoce sus límites y está abierta a los misterios. La mayoría de nosotros tenemos ambas clases de vacío mental: no pensamos suficiente en nuestras vidas y podemos tener momentos en los que estamos abiertos a nuevos descubrimientos y revelaciones. La ignorancia de Murphy es cercana a la estupidez, el lado oscuro de una mente abierta. La estupidez nos mantiene en contacto con un vacío mental más profundo y fructífero a nivel espiritual.

Si esta idea te resulta difícil, piensa en cómo las decisiones y acciones estúpidas nos conducen a la humanidad más básica. A veces, nos sentimos demasiado listos y sabios, demasiado seguros acerca de lo que creemos, entendemos y nos motiva. Sería bueno vaciarnos de dichas certezas y conocimientos valiosos. Murphy podría ser nuestro héroe, cuya mente es una «esfera hueca» con la fortuna del vacío, equilibrada entre lo que es y lo que podría ser.

Nicolás de Cusa escribió una serie de libros bajo el título *Diálogos del idiota*, un término que, en su época, aludía a una persona sin educación. En este sentido, Murphy es un idiota. En *Idiota de mente*, una persona sin educación discute eficazmente con un profesor distinguido al que enseña muchas cosas que la educación ha descuidado. De forma indirecta, Nicolás valora la clase de ignorancia que carece de educación superior y, sin embargo, está llena de sabiduría ordinaria.

En su obra *Esperando a Godot*, Beckett hizo una alusión similar, en la que el personaje principal se quita el sombrero, mira adentro y no ve nada. Podemos pensar en el sombrero como una imagen de la mente, pues los personajes de la obra no saben a dónde van ni de dónde vienen, al igual que nosotros en la vida. Vivimos guiados por pistas y suposiciones. Esa es la condición humana: un vacío fundamental de la mente del que quizás nos defendemos almacenando información, conocimiento, habilidades y datos que nos inundan con sus dimensiones. ¿Nos resistimos demasiado acumulando hechos y métodos? Podríamos seguir otra estrategia, ver la sabiduría en la mente vacía de Murphy y vivir de otro modo, quizás con más sensualidad e intuición, asumiendo riesgos con un espíritu aventurero, viviendo por conjeturas más que por la ilusión de un conocimiento superior.

NO HABLAR

Nasrudín acostumbraba a dar discursos cada viernes por la noche en la mezquita local, a la que asistían cientos de personas, pues disfrutaban de su capacidad de expresar ideas complejas en un lenguaje accesible e inspirador. Un viernes, Nasrudín se presentó frente a la multitud y preguntó: «¿Cuántos me habéis escuchado antes? Alzad las manos». Todos comenzaron a sacudir las manos y brazos con entusiasmo de inmediato, lo que generó una conmoción inusual en la mezquita.

«Bien, si todos me habéis escuchado antes, no tiene cabida que os hable esta noche», continuó el mulá, y, tras sus palabras, abandonó la sala y se fue a casa. El público, molesto, se preguntó qué había hecho mal.

El viernes siguiente, la multitud se reunió otra vez y, de nuevo, Nasrudín miró alrededor y preguntó: «¿Cuántos me habéis escuchado antes? Alzad las manos». El público no era tonto y recordó el suceso de la semana previa, así que todos mantuvieron las manos quietas y guardaron silencio.

«Bueno, si nunca me habéis escuchado, no podréis comprender lo que tengo que decir», indicó entonces el mulá. Luego dejó la mezquita y se marchó a casa y, una vez más, el público quedó decepcionado.

La tercera semana, Nasrudín llegó a la mezquita, miró alrededor y preguntó: «¿Cuántos me habéis escuchado antes?

Alzad las manos». En esa ocasión, la mitad de los presentes alzó las manos y la otra mitad las mantuvo abajo.

«Muy bien. Quienes habéis alzado las manos, ¿podéis contarles a los demás lo que yo hubiera dicho?». Con eso, Nasrudín abandonó la mezquita y se fue a casa.

Aquí vemos una historia de un orador que no habló y de un maestro que no enseñó. Un vacío de expresión, un trabajo cumplido con vacío.

Una vez más, encontramos la antigua tradición en palabras del Tao Te Ching: «Aquel que sabe no habla. Aquel que no sabe, habla». O en la historia de Buda, cuando a la hora de enseñar, en lugar de hablar, exhibe una flor. Esa flor se ha convertido en un símbolo de lo inefable de las palabras de Buda, de su impulso de un movimiento asombroso hacia una práctica espiritual basada en el silencio y en la contemplación: el budismo zen.

Sin lugar a dudas, a menudo hablamos de cosas demasiado misteriosas para expresarlas con palabras. El mundo sería un lugar mejor si no se hubieran dado el noventa y nueve por ciento de los sermones religiosos y espirituales, llenos de certezas, orgullo, fijaciones, competitividad, especulaciones vacías, sentimentalismo, agresión, dominación, moralismo, dogmatismo, devoción débil y opiniones personales inestables. Probablemente, tan solo el uno por ciento de esas palabras haya sido realmente valioso.

Necesitamos muchas horas de contemplación y de reflexión por cada palabra que decimos sobre las cosas relevantes, así como más horas de estudio. Nasrudín no se pronuncia porque el público ya ha escuchado las mismas lecciones muchas veces o porque nunca ha estudiado sus palabras de verdad y no sabe de qué habla. Por tanto, considera que lo mejor es brindarles la oportunidad de conversar unos con otros para analizar las cosas y llegar a algún tipo de solución o resolución provisional a fin de sacar sus propias conclusiones.

Tener un público multitudinario y ansioso puede indicar que el contenido es demasiado popular, que no supone un desafío suficiente, que es populista pero nada bueno para la gente. El mundo moderno parece estar dividido entre el secularismo acérrimo por un lado y la espiritualidad emocional por el otro. Ninguna de las dos vías conduce a lo sagrado y verdaderamente significativo, a lo sublime y misterioso. Se mantienen vigentes mutuamente, pero ninguna ofrece entendimiento ni buena vida. Lo mejor sería que los oradores de ambas posturas abandonaran sus podios y se fueran a casa. Tal vez sea un buen momento para vaciar las iglesias, sinagogas, mezquitas y campamentos de avivamiento, así como las ceremonias de purificación y los seminarios.

El lenguaje se agota tras siglos de uso. Se siguen empleando las mismas palabras, pero resulta difícil recordar sus significados completos y vibrantes. Por ejemplo, es extraño que el cristianismo se base en las palabras simples y fáciles de comprender «amaos unos a otros». No hay misterio en dichas palabras, y nadie puede negar que son el alma de todas las enseñanzas de Jesús. Sin embargo, quienes profesan y ostentan sus enseñanzas no siguen el principio del amor en absoluto. No podemos decir: «Mira, un seguidor de Jesús, sí que ama al prójimo». La palabra «amor» ya no tiene significado, es nula, pero no está vacía.

Claramente, ha llegado la hora de que los cristianos regresen a casa y dejen de reunirse. Ya han escuchado las mismas palabras demasiadas veces. Lo mismo ocurre con los judíos, budistas y musulmanes. Es momento de guardar silencio, de dejar que las palabras se recuperen para que vuelvan a tener significado y marquen realmente la diferencia.

LA RANA SILENCIOSA

Salta una rana
Al nuevo estanque
(No hay sonido). [41]

RYOKAN

Este es el famoso haiku de Basho que inspiró la respuesta de Ryokan:

Salta una rana
Al viejo estanque
¡Plaf!

El haiku original era vacío, pero el joven Ryokan lo hizo aún más vacío. En lugar del ruido del agua, no hay sonido. En el original, podemos pensar que es natural que se escuche un «plaf» cuando la rana salta al agua. Es un concepto muy zen. Pero Ryokan imagina una rana más liviana, que no produce ningún sonido al sumergirse. Es posible estar más vacíos de lo que siempre creímos.

---

41. Basho, *Between the floating mist*, s/p.

Hay personas ruidosas y notorias que son como un tsunami. La gente a su alrededor les presta atención, pues no pueden evitar notar que ha sucedido algo, que alguien ha llegado.

Uno de los dones del vacío es el silencio, hacer tu trabajo y vivir tu vida sin que nadie escuche la agitación del agua cuando entras en escena. La tarea es la recompensa en sí misma, ocupa su lugar en silencio entre el torrente de eventos. No es necesario hacer ruido cada vez que saltas al estanque de la vida. Puedes vivir en silencio pero con eficacia.

Creo que no ser ruidoso requiere atención y consciencia, pues parece natural esperar ser vistos y reconocidos por lo que hacemos. Los niños aman que noten incluso sus logros más pequeños, y los adultos creen haber superado esas necesidades infantiles, cuando en realidad también anhelan atención y crédito por sus actos. Siempre he creído importante reconocer la necesidad de recibir y dar elogios cuando es posible. Todos necesitamos reconocimiento con desesperación, quizás porque no es fácil sentirnos vistos y apreciados en el mundo moderno. Como terapeuta, suelo ofrecer el reconocimiento que muchos merecen pero no tienen y veo cómo las personas se relajan, sintiéndose más seguras y listas para afrontar sus desafíos.

Por otro lado, puede ser muy satisfactorio hacer algo significativo sin necesidad de reconocimiento. Recuerdo que en una ocasión, cuando estaba, quizás, en cuarto año de primaria, recibí un trabajo con un diez en tinta roja radiante. Como era habitual, estaba aburrido de la escuela, así que sostuve el papel en alto sobre mi cabeza. El niño que se sentaba detrás de mí dijo: «Sabemos que has sacado un diez. No tienes que pavonearte». Realmente no deseaba jactarme de mi calificación y me entristeció la reacción de mi compañero. Para mí, supuso un elogio a la inversa. Mi compañero se ofendió al creer que estaba alardeando, pero a mí me resultaba indiferente la calificación. No me gustaba la escuela, por lo que la nota no significaba casi nada para mí.

A veces, saltas y produces olas cuando no era tu intención. A mí suelen restarme importancia. No ansío atención ni recompensas, y no es porque sea humilde. Como orador me luzco, pero me incomoda destacar. Prefiero pasar por la vida en silencio, sin producir ningún sonido ni ruido. Me gusta ser como la rana del estanque que salta en silencio. La vida es más simple de ese modo.

LA SONRISA QUE PERSISTE

El gato se limitó a sonreír al ver a Alicia. La pequeña pensó que la sonrisa lucía sincera, aunque el animal tenía garras largas y muchos dientes, por lo que sintió que debía tratarlo con respeto.

—Hola, Gato Risón —dijo con timidez, pues no sabía si le gustaría el nombre. Sin embargo, la sonrisa del gato se hizo más amplia. «Bien, está complacido por ahora», pensó Alicia, y continuó—: ¿Puedes decirme qué camino debo tomar, por favor?

—Eso dependerá de a dónde quieras llegar —dijo el gato.

—El sitio no es muy importante... —respondió Alicia.

—Entonces, no importa mucho el camino que tomes.

—...en tanto llegue a algún sitio —agregó la niña como explicación.

—Ah, sin duda llegarás si caminas suficiente... ¿Jugarás al críquet con la reina?

—Me gustaría hacerlo, pero no he sido invitada.

—Te veré allí —respondió Risón, y se desvaneció.

Cuando Alicia alzó la vista, el gato estaba allí de vuelta, sentado sobre la rama de un árbol.

—¿Qué has dicho? —preguntó.

—Cerdo. ¿Podrías dejar de aparecer y desaparecer de repente? ¡Me causas mareos!

—De acuerdo —concedió el gato y, esta vez, se desvaneció muy despacio, comenzando por la cola y terminando por la sonrisa, que persistió en el aire cuando el resto del gato ya había desaparecido.

«Vaya, he visto gatos sin sonrisa. Pero ¿una sonrisa sin gato? ¡Es lo más curioso que he visto en mi vida!», pensó Alicia. [42]

LEWIS CARROLL

El Gato Risón representa un vacío que va y viene y no es total, pues la sonrisa persiste, si es que es posible imaginar algo así. Lewis Carroll juega con nuestra mente haciéndonos imaginar que las cosas imposibles que retrata son reales, como una sonrisa sin cuerpo. Guarda cierta similitud con Alan Watts cuando describe la muerte como la desaparición del regazo al levantarnos. A veces, es difícil discernir entre lo que está presente y lo que está simplemente implícito.

En esta historia, el Gato Risón le da indicaciones a Alicia, lo que aporta algo interesante a esta forma de vacío: podemos ser guiados por algo o por alguien que está y no está, que deja una impresión fuerte, pero no está presente físicamente.

Las presencias invisibles representan una variedad importante del vacío, en especial en las áreas más relevantes, como son ser guiados y tener sentido de orientación. Podría decirse que debes seguir viendo la sonrisa después de que el gato desaparece. Eso ayuda a ver lo invisible o, al menos, lo que es casi invisible.

---

42. Carroll, Lewis, *The Annotated Alice*, ed. Martin Gardner, Clarkson N. Potter, Inc, Nueva York, 1960, págs. 89-91. [Hay trad. cast.: *Alicia anotada*, edición de Martin Gardner, Ediciones Akal, 2017]

El gato es similar a otros guías invisibles, como una musa, un presentimiento, una intuición o un *daimon*. Parece que estén presentes, pero no por completo. Durante siglos, se ha hablado del *daimon*, un concepto que ha sido elogiado por W. B. Yates, C. G. Jung, Rollo May y James Hillman. Sus primeros defensores fueron los filósofos griegos Heráclito y Sócrates. Se trata de una presencia invisible que sientes dentro de ti, en las personas o en el mundo. Yo percibo mi *daimon* a diario como la sensación latente de haber olvidado algo al salir de casa. Casi siempre lamento si no le he prestado atención a esa sensación. El *daimon* también puede hacerse notar de forma más directa y seria a través de un amigo o conocido. Escuchas las palabras de la persona a tu lado, pero percibes que quien realmente habla es el *daimon*.

Es visible solo en parte, como la sonrisa del gato.

En una ocasión, cuando era profesor universitario, el jefe de mi departamento me informó de que el cuerpo docente había votado en contra de que conservara la titularidad del cargo. «Puedes apelar la decisión», agregó de inmediato para suavizar el golpe. Sin embargo, percibí el *daimon* en su voz y supe que no había apelación posible. Mi vida debía tomar un nuevo rumbo.

En general, el *daimon* no es visible en el mundo físico. Se trata de un presentimiento o una duda que parece llegar de la nada; una advertencia de la intuición, una inspiración inesperada. Hay quienes dicen que la presencia inspiradora aparece cuando están en la ducha, con ideas que no son accesibles frente al escritorio o en una silla. Otros afirman que el *daimon*, más que nada, les da advertencias para no cometer errores, mientras que otros piensan que también brinda inspiración positiva. Pero no cabe duda de que requiere obediencia: debes obedecer al *daimon* si quieres una vida exitosa.

Puedes ignorarlo de vez en cuando e incluso contradecirlo. Sobrevivirás. No obstante, si vas en su contra con frecuencia, tu vida será una sucesión de errores. Te preguntarás por qué algo no ha salido bien, cuando el problema es que no has escuchado la voz que, como la sonrisa del Gato Risón, perdura tras la desaparición de toda la ayuda visible.

SEGUIR LA CORRIENTE

Sé flexible en tu práctica. Piensa en el método como un fino arroyo de aguas plateadas, no como una cascada embravecida. Sigue la corriente, ten fe en su curso. Seguirá su propio camino, serpenteando por aquí, fluyendo como un hilo por allá. Encontrará las grietas, las fisuras. Solo síguela. Nunca la pierdas de vista. Será tu guía. [43]

SHENG-YEN

«Sé flexible» es una buena indicación del maestro zen contemporáneo Sheng-Yen al adoptar un método espiritual y de bienestar psicológico. No te esfuerces demasiado. No te lo tomes demasiado en serio. No lo consideres tu salvación.

Ser flexible es un camino hacia el vacío. Quizás el mejor consejo sea no forzar la vida, no creer que eres más inteligente y sabio que la vida misma, la fuente de tu propia existencia. Puedes seguir antes que liderar; obedecer antes que exigir.

43. Sheng-Yen, *Essential Zen*, ed. Kazuaki Tanahashi y Tensho David Schneider, Harper-SanFrancisco, San Francisco, 1994, pág. 23.

Vacíate de obstinación e intención. Mira hacia atrás y observa cómo la vida te ha llevado a perfeccionar tu llamada, tu naturaleza interna. No lo has hecho tú. De hecho, no has logrado nada si no has llegado a ningún sitio. Has sido creado. Tu vida es un don y una creación moldeada por la acumulación de insectos, mariposas y leones; árboles, césped y flores; nubes, lluvia y nieve. Su sabiduría, inseparable de su belleza, se acumula en ti. Eres parte de esa lógica, del Logos del universo. No necesitas forzarlo, pues la verdadera habilidad reside en seguir y obedecer.

Una lección que debes aprender es la de seguir la corriente del arroyo a dondequiera que vaya, tanto si serpentea, se encuentra con obstáculos o se desborda en ocasiones. Sigue la corriente de tu fuente de vida. Reconoce el arroyo que ha trazado tu existencia creando tu narrativa. Has nacido en ese arroyo, que está en movimiento, no es estático. Resulta impredecible. No se cimenta en una doctrina u enseñanza.

Si alguien te pregunta qué clase de persona eres, puedes responder: «Yo fluyo. No soy la corriente de mi vida, pero mi vida encuentra su forma cuando observo y confío en ella. No voy a donde quiero ir, sino a donde la corriente me lleva. Obedecerla me brinda poder de verdad. Si fuera a donde yo quisiera, mi vida tan solo consistiría en tener control, algo de lo que no merecería la pena hablar».

He desarrollado músculos para seguir y obedecer, no para crear y producir. Poseo una visión especial que me permite ver la corriente en ocasiones para saber hacia dónde voy. La confianza en ella me confiere seguridad e identidad. Soy un ser fuerte, aunque mi ser no haya esculpido mi existencia. Seguir la corriente le ha dado

definición y propósito a mi vida. Estoy lo suficientemen-
te vacío para seguir incluso un hilo que se desvía del camino.

CALVICIE

Bajo la luz del alba, me entristeció ver la merma del cabello en mi cabeza. En el ocaso, me entristeció ver que el cabello casi había desaparecido.

Odiaba pensar en el día en que cayera el último cabello.

Ahora que todos han desaparecido, no me perturba.

Ya no tengo que preocuparme por lavarlo y secarlo.

Ya no necesitaré batallar con un peine.

Lo mejor de todo es que, cuando el clima es cálido y húmedo, ya no tengo un copete haciendo peso sobre mi cabeza.

Me he deshecho del turbante de tela sucia.

Ahora lleno un jarrón de plata con agua fría y vierto un poco, apenas una taza, sobre mi cráneo calvo.

Recostado, disfrutando del placer del agua fría, siento que soy bautizado en las aguas del *dharma* de Buda.

Ahora comprendo por qué los monjes encuentran paz y liberación rasurando sus cabezas como primera medida. [44]

PO CHU-I

44. Adaptado de: Waley, Arthur, «On His Baldness», *More Translations from the Chinese*, trad. Arthur Waley, Knopf, Nueva York, 1919, pág. 84.

Es común ver una cabeza calva, y entenderla como un símbolo de vacío sagrado requiere imaginación. El poema clásico de Po Chu-i, de la China del siglo ix, ilustra la calvicie como señal de iluminación. No fue el primer poeta en hacerlo. El *Midrash*, estudio bíblico, describe cómo Jonás perdió el cabello por el calor generado dentro del estómago de la ballena. Según Jung, los altibajos del camino del héroe generan el calor que le hace perder el cabello.

Po Chu-i aprendió que ser calvo es como ser un monje, cuya cabeza es rasurada o tonsurada (afeitado que produce un pequeño círculo calvo en el centro). En términos poéticos, el cabello puede representar los productos de la mente —pensamientos, ideas, intenciones, deseos— que los monjes dedican a la vida comunitaria o a sus enseñanzas. Todos ellos son entrenados para vaciar sus mentes de distracciones e incluso rasurar sus preocupaciones. En este poema, Po Chu-i descubre que la vida es más simple sin cabello y también más espiritual, similar a la de un monje calvo. Aquí encontramos otro aspecto del vacío: conoces su valor lentamente, en etapas. Con el tiempo, tal vez descubras que es parte de la vida monástica y que te has vuelto más espiritual.

En un principio, Jonás intentó huir de la orden de ayudar a la ciudad de Nínive para regresar a su vida tranquila. Resistió la voluntad de los cielos y trató de evitar su destino adentrándose en el mar, donde quedó atrapado en el estómago de una ballena, perdiendo el cabello. Su «castigo» fue transformarse en una persona verdaderamente temerosa de Dios. Descubrió el valor de seguir a una voluntad superior, quizás la de la propia vida, para tener un horizonte más significativo. En este sentido, todos somos como Jonás, tentados a imponer nuestra débil voluntad hasta aprender por las malas que existe un designio superior para nosotros. Debemos perder el cabello, vaciar nuestras cabezas, ser calvos y estar listos para escuchar la palabra de los cielos.

Cuando dejas de lado tu voluntad, la vida se vuelve más fácil y, lo que es más importante, descubres el alma de monje. De pronto, se revela la verdad largamente ignorada de que todos somos llamados a ser monjes. Cada uno de nosotros. Necesitamos tonsura y calvicie, limitar nuestros numerosos planes y deseos. Todos nos beneficiamos al dejar que la vida nos moldee. Debemos desprendernos del «cabello» sobre nuestras cabezas, de los pensamientos, ideas, complicaciones y recuerdos que nos alejan de los cielos.

Los habitantes del pueblo Hopi, del sudoeste de los Estados Unidos, relatan que sus ancestros tenían una pequeña puerta sobre las cabezas que podían abrir cuando necesitaban indicaciones. El simbolismo de la tonsura o la cabeza rasurada es el mismo: debes mantener la mente abierta a la influencia del lugar lejano donde reside lo infinito. El propósito es liberarse de la distracción del «cabello» para estar abierto a ser guiado. La cabeza calva es símbolo de una espiritualidad superior dispuesta a recibir inspiración.

TIENDA DE CURIOSIDADES

No lo encontrarás en un mapa, pero si eres paciente y miras con atención, podrías toparte con el pueblecito de Pleasant Bay, cuyo letrero de bienvenida indica que fue fundado en 1780. Se encuentra sobre la Ruta 28, a mitad de camino entre Orleans y Chatham, rumbo a la península en forma de garfio de Cape Cod.

Mi prima Elizabeth relata una historia increíble, pero lo hace con tal sinceridad y consciencia que no es posible no tomarla en serio. He dicho que Pleasant Bay no se encuentra en los mapas, pero Elizabeth recuerda su primera visita al pueblo a sus catorce años. Por aquel entonces, se encontraba elaborando un informe escolar sobre Squanto, el nativo americano conocido por ayudar a los colonos europeos a su llegada al continente. Se dice que tuvo actividad en la bahía y fue sepultado cerca del pueblo.

Elizabeth se hospedaba con su tía Kitty en las afueras de Pleasant Bay. Un día, recorrió las calles pintorescas del pueblo y se detuvo en un puesto pequeño para comer un helado. Allí, observó un edificio peculiar en el centro de la zona comercial, con un letrero sobre la puerta que rezaba en letras antiguas: «Tienda de curiosidades». Las ventanas estaban repletas de objetos fascinantes, tales como marionetas, barcos en miniatura, máscaras escalofriantes, libros y mapas antiguos y prendas de otro siglo, sin duda diseñadas para bailes y reuniones importantes. Lo que más llamó su atención fue un vestido de encaje color marfil de su talla y estilo.

Al entrar, percibió de inmediato el hedor húmedo del suelo de madera antigua y de las numerosas capas que empapelaban las paredes, y vio a una empleada con gafas detrás de un mostrador anticuado de madera tallada. Detrás de la mujer y alrededor de la tienda abarrotada, vio prendas más majestuosas, aunque pasadas de moda, maquetas de casas y puentes, marionetas boquiabiertas y libros de todos los temas y en diversos estados de conservación.

Pensó en preguntar el precio del vestido que le gustaba, pero la empleada, una mujer de mediana edad de buen aspecto, con mejillas rosadas y cabello rubio rojizo, estaba quieta como una estatua con la mirada al frente.

—Disculpe —dijo Elizabeth—, ¿podría indicarme el precio del vestido color marfil del escaparate?

La mujer pareció cobrar vida y le ofreció una sonrisa sincera.

—¿El precio? No hay. Aquí no le ponemos precio a las cosas. Si quieres el vestido, es tuyo. Solo tienes que desearlo de verdad.

—No puedo aceptarlo como obsequio, no nos conocemos.

—Pero estamos conociéndonos. De todas formas, nuestra tienda se dedica a cumplir deseos y no aceptamos nada a cambio. Eso arruinaría el hechizo, ¿no crees?

—Ah, sí, lo creo —afirmó Elizabeth. La mujer sacó el vestido de su lugar en el escaparate y comenzó a empaquetarlo.

Más tarde, Elizabeth llevó el adorado vestido a casa y se lo mostró a su tía.

—¿Cómo has podido comprar este vestido? —preguntó su tía—. No tenías ese dinero.

—Lo encontré en una tienda del pueblo Pleasant Bay donde puedes tener lo que realmente quieres sin coste alguno, sin dinero.

—¿El pueblo Pleasant Bay? Allí no hay ningún pueblo. Debes haber confundido el lugar. Lo que describes suena como Chatham.

—Ven conmigo, tía, y te lo mostraré.

Entonces las dos caminaron en la misma dirección que Elizabeth había tomado antes, pero cuando llegaron al lugar correcto junto a la bahía no había ningún pueblo, solo una zona estéril cercana a la costa. Había una pequeña construcción, como una cabaña antigua, con una forma similar a la tienda de curiosidades que Elizabeth había descubierto. Sin embargo, a través de las ventanas pudieron ver que el lugar estaba vacío.

De pronto, una mujer joven de cabello rojizo se acercó desde la costa, y Elizabeth creyó ver un parecido con la empleada de la tienda.

—¿Hay una tienda por esta zona donde vendan chucherías y prendas viejas? —le preguntó.

—No, pero es gracioso. Mi hermano ha estado pensando en abrir una tienda de curiosidades aquí si la zona se desarrolla un poco más. Incluso se ha planteado ampliar esta vieja cabaña.

—Pero ahora está vacía, ¿no? —No fue una pregunta inútil para Elizabeth.

—Muy vacía —respondió la joven.

—Debes haberlo soñado —comentó la tía de camino a casa.

—Pero tengo el vestido. Lo has visto.

—Es extraño, ¿no?

Existe una conexión estrecha entre las clases de vacío que hacen que la vida sea dulce y exitosa y los misterios que aparecen de vez en cuando en el día a día. A los diecinueve años, poco después de llegar a Irlanda a estudiar filosofía, recorrí un camino rural y quedé embelesado por el lugar, que siempre consideré una tierra encantada.

Mientras caminaba, divisé una arboleda con muros de piedra cercanos. Me resultó cautivador, así que me desvié del camino para acercarme allí, pero, de pronto, un hombre pequeño de cabello canoso apareció de la nada y me dijo: «No te acerques a esos árboles. Es un fuerte de las hadas y no creo que ellas tengan nada bueno en mente. Aléjate».

Observé los árboles más de cerca y me di la vuelta para decirle al hombre que no tenía miedo, pero él ya no estaba allí, así que regresé al camino y seguí adelante. Aún a día de hoy no estoy seguro de que ese encuentro sucediese. Tal vez fuese un sueño. En ocasiones, al mirar atrás, es difícil saber si lo que hemos experimentado ha sido real o un sueño.

En esta historia sobre Pleasant Bay, la cabaña «muy vacía» en lugar de la tienda de curiosidades abarrotada es una sorpresa. El vacío nos hace preguntarnos qué es real y qué imaginario. Nos encontramos en una delgada línea entre dos mundos diferentes: el de los sueños y el de los hechos. Esta historia sugiere que la experiencia del vacío podría llevarnos a un lugar de asombro positivo, en el que nuestra vida se expande a la posibilidad de una realidad alternativa que no necesariamente debe ser fáctica. El vestido de Elizabeth demuestra que no hay respuesta al problema de la contraposición entre lo fáctico y la imaginación. Lo único que podemos hacer es ser entusiastas en el asombro y mantener nuestras mentes abiertas a las alternativas. Sin la cabaña vacía, tal vez no encontremos el camino al mundo entre lo fáctico y lo imaginario, lo cual sería un resultado triste.

EL EDIFICIO VACÍO

Un obstetra, un antropólogo y un matemático comen sobre el césped en un parque. Desde allí, observan a dos personas que entran en un edificio al otro lado de la calle. Al cabo de un rato, tres personas salen de allí.

—Debieron tener un hijo —comenta el obstetra.

—Debe ser un error estadístico —observa el antropólogo.

—Si entra una persona más en el edificio, estará vacío —agrega el matemático minutos más tarde.

Este viejo chiste, relatado de diferentes formas, ofrece la ilusión de un misterio filosófico y también nos brinda la oportunidad de reflexionar sobre otra cualidad del vacío: es posible conseguirlo añadiendo algo a la situación. Después de todo, mucha gente llena su tiempo recitando o escribiendo el Sutra del corazón para alcanzar el vacío.

El vacío implica una clase diferente de estimación y de matemáticas. Eliminar elementos en sentido literal no siempre asegura que ocurra el vacío. Puedes llevar una vida cómoda, con muchas posesiones que te complazcan, y estar vacío de todas formas, en el sentido de no sentirte demasiado apegado a nada y no anhelar más. Por el contrario, una persona podría no tener las cosas que desea y vivir consumida por anhelos y necesidades, de modo que no estaría vacía en absoluto.

Hay quienes experimentan pérdidas y esperan que los demás se preocupen por ellos. Algunos disfrutan y se aprovechan del papel de persona en apuros. Otros tan solo se enorgullecen de conseguir lo que consideran vacío a través de la meditación y de su estilo de vida, pero ese orgullo mata el alma del vacío.

El vacío no consiste únicamente en añadir y sustraer. El matemático no es el experto. En cambio, se trata más de una actitud, de una cualidad del corazón y del carácter.

Un día, visité a mi amigo James Hillman en su casa. Nos sentamos durante un largo tiempo en el *jacuzzi* y soñamos con cosas personales e importantes para nosotros. En un momento dado, señaló su pecho y dijo con desdén: «Mira, tengo pechos. Parece que no puedo deshacerme de ellos».

Rondaba los ochenta años en aquel momento. «¿Por qué te molestan? Forman parte de hacerse viejo», le dije. James no parecía un anciano y tenía una actitud juvenil. «Creo que no merece la pena preocuparse por eso. En los aspectos importantes, eres muy joven», le aseguré. Para mí, que tuviera algo de flacidez en el pecho era similar a que una persona más entrara en el edificio y lo vaciara.

Como escribí en mi cuadernillo sobre la vida del monje[45], las personas espirituales suelen verse tentadas por cosas que no reconocen como tentaciones. El monje cree ser mejor que los demás por haber elegido una vida solitaria, pero sentirse superior destruye el vacío. A veces, creerse peor tiene el mismo

45. Moore, Thomas, *Meditations: On the Monk Who Dwells in Daily Life*, HarperCollins, Nueva York, 1994.

efecto. Lo más recomendable es no seguir esas líneas de pensamiento en absoluto.

En definitiva, no cuentes tus posesiones para determinar el vacío espiritual de tu vida. Hacerlo no te llevará allí. En su lugar, piensa en cómo te sientes por dentro. ¿Estás libre de preocupaciones y de un orgullo profundo y oculto? ¿Estás determinado a llegar a algún sitio o a ser admirado por lo que has logrado? Estas son preguntas más apropiadas para evaluar tu vacío espiritual. Pero incluso las preguntas deben ser vacías y puede que no sean tan importantes como parecen.

Epílogo

El vacío del que hablamos con cierto misterio es profundo y sencillo a la vez. En términos espirituales, se trata de la cualidad que surge de no apegarse demasiado a las creencias y pensamientos, de no tomarse todo de manera literal, sino de ver las imágenes y metáforas y llevar una vida simple sin cargarla con posesiones y ocupaciones. En la vida cotidiana, el vacío puede significar limpiar el escritorio y la casa, deshacerse del desorden y desarrollar un sentido puro de la belleza. Asimismo, puede implicar no llenar la vida con actividades, personas u objetivos. Es posible estar vacío por dentro y por fuera, en tu pensamiento y en tu estilo de vida.

Tal vez notes que tiendes a llenar cualquier vacío que surge de la pérdida, quizás comiendo demasiado, comprando cosas que no necesitas o pasando el tiempo entre multitudes para no sentir la soledad. Una alternativa sería observar el vacío espiritual y aceptarlo, hacer algo con él y dejar que tenga efecto en tu carácter. Quizás necesites vaciarte tanto como te llenas. No toda pérdida es una tragedia. Es parte del ritmo natural de la vida, de recibir y dejar ir.

Una vez que aprendas a valorar el vacío como un aspecto positivo de la vida, te convertirás en otra clase de persona. Dejarás de sentir tanta ansiedad cuando llegue la pérdida. En realidad, te llenas de ocupaciones para evitar afrontar tu

186 · LA ELOCUENCIA DEL SILENCIO

destino y tus emociones, tal vez como forma de evitar el trabajo de verdad. No logras tanto cuando estás ocupado como cuando te tomas tu tiempo y te enfocas en lo que debes hacer. Ocuparse es lo opuesto a estar activo. Es estar lleno de actividad con poco espacio para la conversación y la reflexión, que son una parte importante de ser productivo.

Ahora, cuando alguien te conozca, notará el vacío en tu actitud relajada y sin ansiedad. Quizás luzcas más saludable y accesible, pues tienes lugares vacíos dentro de ti, donde los demás pueden entrar sin sentir que te molestan o interrumpen tu actividad constante. Esta clase de vacío mejora las relaciones, incluso los matrimonios.

Si tu interior alberga oasis de vacíos, lugares donde hacer una pausa y refrescarte, tendrás más probabilidades de disfrutar de una vida feliz. Al divisar una montaña imponente o un lago en tu viaje, podrás detenerte a admirarlos sin hacer nada más. Al ver a un niño que necesita atención, podrás dejar lo que estés haciendo para brindársela. Si simplemente necesitas sentarte en una silla para descansar, no sucumbirás a la hiperactividad para evitar ese momento imperioso.

Piensa en tu vida como un espacio lleno de parques, playas y senderos montañosos, no en un sentido literal, sino como metáforas de cómo pasas tu día a día. Con puertas y ventanas en tu vida diaria, no te sentirás atrapado, ya que conocerás la importancia de cultivar el vacío. Del mismo modo, mantén sillas cómodas vacías dentro de tu corazón. Así, cuando las personas te encuentren, tendrán lugar para visitarte y sentirse bien recibidas. Mantén espacios vacíos en tu mente a fin de que, cuando aparezcan nuevas ideas, puedas prestarles atención. Vacíate para que la vida se despliegue.

El vacío puede ser una meta espiritual muy profunda o una cualidad de la vida diaria, pero ambas definiciones se relacionan, ya que una hora de quietud al día puede dar paso a una realización espiritual plena. El Sutra del corazón puede ser el recurso principal para invocar el vacío en tu vida. Todo puede vaciarse y, en consecuencia, estar abierto a un significado amplio. Incluso el propio vacío puede vaciarse y cambiar tu existencia.

Agradecimientos

Mi interés en la idea del vacío se remonta a varias décadas atrás; comenzó con un estudio independiente de las religiones orientales junto al profesor Roy Amore, que me llevó a una dirección de intelectualidad y expansión de la mente. Más tarde, Huston Smith tuvo el detalle de invitarme a conocer a los monjes zen que me enseñaron a estar vacío en la vida diaria. Recientemente, mi esposa Joan Hanley se ha involucrado en una comunidad zen y me ha hecho ver mi trabajo como vacío. Mi hija Siobhán lo comprende todo y siempre me inspira. Ella y su hermano Abraham Bendheim me han ayudado en muchos aspectos, en especial con este libro.

Hace unos cuantos años, cuando enseñaba en la universidad, solía jugar ráquetbol con Fred Streng, quien escribió un libro clásico sobre el vacío. Entre golpes, solía preguntarle una y otra vez qué era el «vacío», a lo que respondía «cosurgimiento dependiente» sin despejar mucho mis dudas. Además, odiaba perder, y pensé que su actitud carecía de cierto grado de vacío. Sin embargo, apreciaba su amistad y admiraba su sabiduría.

Otras personas me han dado lecciones sobre el vacío a través de sus libros, entre ellos Shunryu Suzuki, Donald Lopez y David Chadwick. Mis conversaciones con David están siempre salpicadas por el vacío del ingenio. En este sentido, también me gustaría dar las gracias a Ed Werner, que lleva una vida de generosidad ejemplar con estilo zen. Gracias también a mi amiga Pat Toomay, cuyo vacío parece provenir de su cercanía con la tierra y su apertura a ser guiada.

Por último, un agradecimiento a Georgia Hughes y a su equipo en New World Library por su profesionalismo fácil; «fácil» como término moderado de vacío. Gracias en especial a Kristen Cashman, editora.

Cada uno de estos guías y ayudantes demuestran cómo el vacío puede hacer que la vida sea hermosa y efectiva.